Multimodale Kommunikation
Bericht aus einer Textwerkstatt

Nadine Beckmann · Sarah Anne Bégo
Emese Bodnár · Rick Davids · Leila-Marie El-Haj
Jana Hack · Justine Kohl · Miriam Leihs
Lisa Mannagottera · Peter Menke · Anne Sauerland
Elisabeth Schmidt · Jennifer Schulte-Tickmann

Multimodale Kommunikation

Bericht aus einer Textwerkstatt

Herausgegeben von Peter Menke

2016
BoD – Books on Demand, Norderstedt

Nadine Beckmann, Sarah Anne Bégo, Emese Bodnár, Rick Davids, Leila-Marie El-Haj, Jana Hack, Justine Kohl, Miriam Leihs, Lisa Mannagottera, Peter Menke, Anne Sauerland, Elisabeth Schmidt und Jennifer Schulte-Tickmann:
Multimodale Kommunikation. Bericht aus einer Textwerkstatt

Die Deutsche Nationalbibliothek verzeichnet diese Publikation in der Deutschen Nationalbibliografie; detaillierte bibliografische Daten sind im Internet über www.dnb.de abrufbar.

©2015, 2016 Peter Menke (für das Gesamtwerk und die Umschlaggestaltung). Dieses Werk einschließlich all seiner Teile ist urheberrechtlich geschützt. Die Rechte der Einzeltexte liegen bei den jeweiligen im Text genannten Autorinnen und Autoren. Jede Verwertung außerhalb der Grenzen des Urheberrechtsgesetzes ist ohne Zustimmung unzulässig und strafbar. Das gilt insbesondere (aber nicht nur) für Vervielfältigungen, Übersetzungen, Mikroverfilmungen und die Einspeicherung und Verarbeitung in elektronischen Systemen.

Bildnachweis Cover: Die Abbildung auf der Vorderseite verwendet das Foto »now and then« des Users »Rising Damp« auf flickr (siehe https://www.flickr.com/photos/66126733@N04), welches unter einer Creative-Commons-Lizenz frei verwendbar ist (CC BY 2.0).

ISBN: 9783739233451
Herstellung und Verlag: BoD – Books on Demand, Norderstedt.

Alle Umsätze aus dem Verkauf dieses Buches werden (nach Abzug der einmaligen Einrichtungsgebühr und der jeweiligen an den Verlag gehenden Druckkosten) jeweils nach einem Jahreswechsel einem guten Zweck (entweder einem allgemeinen, oder einem mit Affinität zum Studium in Bielefeld oder zum Studium der Linguistik) zugeführt. Die Auswahl trifft der Herausgeber unter Berücksichtigung von Vorschlägen der Autorinnen und Autoren, die jeweiligen Spenden werden auf einer Webseite dokumentiert, die unter http://textwerkstatt.petermenke.de erreichbar ist.

Inhalt

Vorwort 9

1 Übersicht 13

    1.1 PETER MENKE
           Einleitung 13

2 Theoretische Vorüberlegungen 15

    2.1 PETER MENKE
           Kommunikation 15

    2.2 RICK DAVIDS
           Sinne 18

    2.3 PETER MENKE
           Modalitäten 19

3 Einzelmodalitäten 25

    3.1 SARAH ANNE BÉGO
           Prosodie 25

    3.2 NADINE BECKMANN
           Mimik 28

    3.3 EMESE BODNÁR
           Blick 30

    3.4 ANNE SAUERLAND
           Gebärdensprache und Raumsemantik 33

    3.5 PETER MENKE
           Gestik 37

4 **Meilensteine der Gestenforschung** 41

    4.1 ANNE SAUERLAND
          Antike, Mittelalter und Frühe Neuzeit 41

    4.2 NADINE BECKMANN
          Wilhelm Wundts Völkerpsychologie 43

    4.3 SARAH ANNE BÉGO, JANA HACK, JUSTINE KOHL
          Die Rassentheoretiker vor und im Dritten Reich 46

    4.4 LEILA-MARIE EL-HAJ
          David Efron 52

    4.5 ELISABETH SCHMIDT
          Ray Birdwhistell 54

    4.6 MIRIAM LEIHS
          Condon & Ogston 57

    4.7 LISA MANNAGOTTERA
          Adam Kendon 58

    4.8 PETER MENKE, RICK DAVIDS
          David McNeill 60

    4.9 EMESE BODNÁR, JENNIFER SCHULTE-TICKMANN
          Cornelia Müller 64

5 **Analyse** 69

    5.1 JUSTINE KOHL
          Notationssysteme 69

    5.2 RICK DAVIDS, JUSTINE KOHL, MIRIAM LEIHS
          Beispielanalyse: ›Gestikuliert Daneben‹ 74

6 **Multimodalität im Blickpunkt anderer Disziplinen** 83

    6.1 LEILA-MARIE EL-HAJ
          Psycholinguistik — Kombination von Gestik und Sprache 83

    6.2 LISA MANNAGOTTERA
          Neurolinguistik — Aphasieforschung 85

    6.3 JANA HACK
          Künstliche Intelligenz und Künstliche Agenten 88

- 6.4 JENNIFER SCHULTE-TICKMANN
  Social Semiotics 90
- 6.5 ELISABETH SCHMIDT
  Körpersprache: geheim oder nicht? 92
- 6.6 MIRIAM LEIHS
  Powerposing 94

Anhang: Informationen zur Arbeit mit Texten 97

Sachregister 101

Personenregister 105

Literaturverzeichnis 107

VORWORT

Dieses Werk über multimodale Kommunikation[1] ist ein etwas anderes Ergebnis aus einem studentischen Seminar, das gezielt mit der Zielsetzung eines greifbaren Endprodukts entstand. Nachdem das Thema der multimodalen Kommunikation schon mehrere Male ein Thema in meinen Seminaren in den Linguistikstudiengängen an der Universität Bielefeld war, habe ich im Rahmen meiner Teilnahme an der Fortbildung zum Erwerb des »Bielefelder Zertifikats für Hochschullehre«[2] ein sogenanntes Lehrprojekt entwickelt, in dessen Rahmen ich das konkrete Ziel verfolgte, diese bestehende (aber an verschiedenen Ecken noch zu optimierende) Veranstaltung noch zu verbessern.

In meinem konkreten Fall bestand dies in dem Versuch, den großen und inhaltlich eher fremden Themenbereich (denn um einen solchen handelt es sich bei multimodaler Kommunikation, besonders wenn man sich aus traditionellen Sichtweisen heraus dem Thema nähert) so zu handhaben, dass man innerhalb eines zweistündigen Seminars in einem einzelnen Semester zumindest einen guten Einstieg und Überblick bekommen kann. In der Vergangenheit (also vor dem Wintersemester 2015/16) hat sich im-

---

[1] Multimodale Kommunikation wird hier vornehmlich dialogisch und in *face-to-face*-Situationen zwischen Menschen verstanden, wir werden in diesem Buch aber ausblickartig auch auf andere Lesarten eingehen.
[2] Siehe http://www.uni-bielefeld.de/pep/zertifikat/.

mer wieder gezeigt, dass die Arbeit mit Texten umso schwieriger und nervenaufreibender für Studierende sein kann, wenn die Literatur nicht nur umfangreich ist, sondern zudem noch aus fremden Fächern stammt. Hinzu kam, dass es für den konkreten Gegenstandsbereich (noch) kein in meinen Augen zufriedenstellendes Lehrbuch gibt, auf dessen Grundlage man arbeiten könnte. Hier machte sich in nicht wenigen Fällen Frustration breit, und Sinn und Zweck der eigenverantwortlichen, umfangreichen Lektüre zwischen den Präsenzsitzungen wurden hinterfragt.

Im Rahmen des Lehrprojektes habe ich daher die Lehrveranstaltung in gewohnter Weise erneut angeboten und in diesem Durchgang zwei Aspekte kontrolliert. Einerseits habe ich mit konkreten Aktivitäten, Methoden und Übungen aus dem Bereich der Textrezeption und -produktion abwechslungsreichere Varianten der Arbeit mit so einem großen Berg an Literatur aufgezeigt. Hier haben sich besonders die von Scheuermann (2013) zusammengestellten Tipps und Warnhinweise zu Schreibtypen als hilfreich erwiesen, ebenso wie die von Lange (2013) beschriebenen Strategien zur Texterfassung. Parallel dazu wurden viele der Präsenzsitzungen für verschiedene Arten von textbezogener (Klein-)Gruppenarbeit genutzt, um einen Teil der Leselast aus der Selbststudiumsphase herauszuziehen.[3]

In diesen freigewordenen Zeiten konnten dann diejenigen Studierenden, die sich dazu bereiterklärten, an der Produktion der einzelnen Abschnitte des Werkes arbeiten, in dem Sie gerade lesen. Die Mangelsituation, was ein Lehrbuch angeht, habe ich zum Anlass genommen, gemeinsam mit den Studierenden etwas zu verfassen, das zumindest einen ersten Schritt in diese Richtung darstellen könnte – einen thematischen Einstieg in den aktuellen Forschungsstand zur multimodalen Kommunikation, geschrieben von Studierenden der Linguistik für ebensolche, aber auch für fachfremde Menschen im Wissenschaftsbetrieb, in Forschung und Lehre, und vielleicht sogar auch für Menschen, die sich einfach nur für das Thema interessieren.

---

[3] Details zur Arbeit mit Texten haben wir im Anhang A ab Seite 97 zusammengestellt.

Aber nicht nur am Verfassen der einzelnen Bausteine waren die Studierenden beteiligt, sondern auch an Phasen der Endredaktion, in der sich überhaupt erst einmal so grundlegende Dinge wie der rote Faden und das schlussendliche Inhaltsverzeichnis ergaben. Letztendlich haben wir gemeinsam etwas erstellt, was wir als ein gelungenes, nachhaltiges Produkt unserer Seminararbeit erachten, und das nicht nur die Leistungen der Studierenden dokumentiert, sondern darüber hinaus noch einen echten Mehrwert im Sinne eines thematischen Einstiegs darstellt.

Ob wir dieses Ziel wirklich erreicht haben, können natürlich letztendlich nicht wir beurteilen, sondern die Leserschaft. Wir möchten aber vor dem soeben geschilderten Entstehenshintergrund noch einmal darauf hinweisen, dass es sich bei diesem Buch hauptsächlich um einen kursorischen Einstieg und Überblick handelt – speziell, was Fachgebiete angeht, die der Linguistik eher fern sind. Hier erheben wir keinen Anspruch auf Vollständigkeit, denn es ließen sich zu jedem Abschnitt ganze Dissertationen und Forschungsprojekte mit mehreren Jahren intensivster Recherchearbeit absolvieren, bis man auch nur in die Nähe eines solchen Vollständigkeitsanspruchs käme. Mein großer Dank gilt den Studierenden, die es sich zugetraut haben, Texte zu Bereichen zu verfassen, die teilweise fernab von ihrem Fach liegen, und die hier vereinzelt sogar wissenschaftliche Texte in einer anderen Sprache als ihrer Muttersprache veröffentlichen. Daher würden wir uns wünschen, wenn etwaige Lücken oder Unstimmigkeiten uns nicht nach-, sondern zugetragen werden. Vielleicht entsteht ja sogar einmal eine zweite, überarbeitete Auflage…

Bielefeld, im Januar 2016
Peter Menke

KAPITEL 1

Übersicht

1.1
Einleitung

Während sich die Linguistik in ihrer Geschichte ausführlich mit dem verbalen Teil gesprochener Sprache, und teilweise auch detailliert mit ihren verschiedenen prosodischen Merkmalen beschäftigt hat, sind die anderen Möglichkeiten des Menschen, mit anderen zu interagieren und zu kommunizieren, in der Linguistik nur vereinzelt und nicht in gleicher Tiefe erforscht worden. Gleichzeitig ist in der Vergangenheit oft mit der Sichtweise einer Vorrangstellung des gesprochenen Worts gegenüber den anderen Formen an Datenmaterial herangegangen worden — eine Perspektive, die sich erst in den letzten Jahrzehnten allmählich gewandelt hat, was sich daran zeigt, dass die Frage, ob eine solche Vorrangstellung aus der Sicht der Linguistik wissenschaftlich (noch) begründbar ist, sehr diskutiert wird (vgl. Oviatt, 1999; de Ruiter, 2004; Bonacchi und Karpiński, 2014).

Gleichzeitig sind jedoch in Fachgebieten, die nicht direkt zum Kerngebiet der Linguistik zählen, wichtige Erkenntnisse zu Gestik, Mimik,

Blickbewegungen und weiteren Formen der nonverbalen Kommunikation zusammengetragen worden. Ziel unseres Seminars (und somit auch dieses Buches) war es daher, diese Erkenntnisse an Menschen heranzutragen, die einen linguistischen Hintergrund haben und einen überblicksartigen Einstieg in die Ergebnisse der anderen Disziplinen als Ergänzung zu ihrem bereits bestehenden Wissen suchen.

Daher bieten wir in KAPITEL 2 einen kurzen theoretischen Einstieg, der versucht, nonverbale Kommunikation an *bestehende Theorien und Modelle* anzubinden und Kernbegriffe wie *Sinn* oder *Modalität* greifbar zu machen.

KAPITEL 3 führt in die wichtigsten *Eigenschaften und Besonderheiten einzelner Modalitäten* ein. Danach widmen wir der *Gestik* in KAPITEL 4 einen dedizierten Raum. Hier stellen wir ausgewählte *Meilensteine der Gestenforschung* dar. Diese Darstellung (die keinen Anspruch auf Vollständigkeit oder Ausgewogenheit erhebt) arbeitet jeweils heraus, was die Neuerungen und Besonderheiten der jeweils behandelten Themen und Autoren sind.

Nach dieser theorielastigen Sequenz widmen wir uns in KAPITEL 5 *praktischen Anwendungen und Analysen.* Es werden (analoge) *Notationssysteme* für nonverbale Signale vorgestellt, und wir präsentieren einige beispielhafte *Analysen* von Interaktionen, die reich an multimodalen Kommunikationsformen sind.

In KAPITEL 6 kommen wir schließlich mit einem Ausblick auf *Nachbardisziplinen der Linguistik* zu einem Ende. Wir beleuchten, wie das Thema in Forschergemeinschaften gesehen wird, die, von der Linguistik ausgehend, in so unterschiedliche Richtungen wie *Soziologie, Informatik oder Psychologie und Medizin* weisen.

Ein Anhang (ab Seite 97) führt kurz einige Werke auf, die sich mit Hinweisen, Tipps und Erläuterungen zum Thema Textproduktion oder Textrezeption befassen, außerdem finden sich hier eine lokal bedeutsame Hinweise zu Angeboten und Möglichkeiten an unserer Universität.

Von Peter Menke.

KAPITEL 2

Theoretische Vorüberlegungen

Wie schon in der Einleitung erwähnt wurde, gehen wir hier zunächst von der klassischen linguistischen Sicht aus, menschliche Kommunikation funktioniere primär über gesprochene Äußerungen. Wir stellen dann einige Überlegungen an, inwiefern sich kommunikative Praktiken wie Gestik oder Mimik hier einordnen lassen. Es wird deutlich werden, dass der Kommunikationsbegriff weiter gefasst werden muss, und dass wir uns zunächst überhaupt klar werden müssen, was wir genau unter Begrifflichkeiten wie *Sinn*, *Kanal* oder *Modalität* verstehen wollen.

2.1
Kommunikation

Linke, Nussbaumer und Portmann (2004) präsentieren in ihrem *Studienbuch Linguistik* eine Taxonomie menschlichen Verhaltens (S. 197f.), das die eigentliche *sprachliche Kommunikation* als in vielerlei Hinsicht besonders darstellt: Sie ist intentional (gilt somit als *Handlung*), partnerorientiert (ist daher *Interaktion*), ist symbolisch (somit *Kommunikation*) und zuletzt auch noch verbal. Während in den jeweils komplementären Kategorien zwar diverse nonverbale Verhaltensweisen beschrieben werden, erfolgt dies im Vergleich zur gesprochenen Sprache sehr viel oberflächlicher – der Hauptzweck ist hier die negative Abgrenzung. Blicke werden in diesem Schema pauschal als nicht-kommunikative Interaktion abgetan – eine Sichtweise, die wir für zumindest problematisch halten, wenn man daran denkt, dass mit Blicken beispielsweise aktiv gezeigt werden kann (vgl. Shepherd, 2010).

Weiterhin wird klar, dass Linke, Nussbaumer und Portmann (2004) eine einseitige Perspektive auf das Phänomen Kommunikation innehaben: »Das Schema definiert die Begriffe vom Standpunkt des Produzenten aus« (ebd., S. 198). Die Autoren verweisen in diesem Zusammenhang auf alternative Sichtweisen, wie etwa die bekannte von Watzlawick, Bavelas und Jackson (2007) eingenommene Perspektive, dass im Grunde alles, was wahrgenommen werden kann, auch potentieller Bestandteil von Kommunikation ist, nehmen diese Perspektive in ihrem Schema jedoch nicht auf.

Wir sind der Auffassung, dass die vorgeschlagene taxonomische Klassifikation nicht alle Feinheiten multimodaler Kommunikation erfassen kann. Etwas allgemeingültigere und daher (zunächst) brauchbarere Modelle finden wir in der Semiotik, beispielsweise bei Krampen (1997). Das dort vorgeschlagene Modell abstrahiert von den konkreten Erscheinungsformen von potentiellen Signalen – alles, was von einem Organismus rezipiert werden kann, kann auch durch eine entsprechende Interpretation Bedeutung erlangen. So können nun auch solche Beobachtungen Teil von kommunikativen Prozessen werden, die nach dem Modell von Linke, Nussbaumer und Portmann (2004) überhaupt nicht berücksichtigt werden, wie etwa unterbewusst oder unbewusst erzeugtes Verhalten, wie ein erschrecktes Luftholen oder eine Weitung der Augen nach der Entgegennahme einer unbekannten negativen Information. Obwohl diese Verhaltensweisen in der Regel nicht intendiert sind, tragen sie doch zu den weiteren Iterationen der Kommunikation bei, wenn sie von Rezipienten dahingehend interpretiert werden, dass der Produzent durch die neuen Informationen in einer bestimmten Weise beeinflusst worden ist (sei es lediglich durch Überraschung oder sogar durch Veränderung seiner emotionalen Einstellung).

Krampens Modell ist bis dahin primär rezipientenorientiert, jedoch werden auch hier reaktive produktionsbezogene Elemente angesprochen: Auf der Basis der aus den rezipierten Beobachtungen entnommenen Informationen veranlasst die sogenannte interpretierende Einheit den Organismus zu einem bestimmten Verhalten. Dieses Verhalten wiederum kann Kanäle in der Außenwelt manipulieren (wie etwa die Luft in Form von Schallwellen oder Licht), was wiederum (in der nächsten Iteration der Semiose) von weiteren Teilnehmern rezipiert und verarbeitet werden kann.

Natürlich vereinfacht auch dieses Modell die kommunikative Wirklichkeit. Beispielsweise ist Kommunikation nie so streng sequenziell, wie es dieses Modell suggeriert. Dennoch ist sein großer Vorteil die Abstraktion von einer vorherrschenden kommunikativen Strategie – gesprochene Sprache ist hier nur eine Möglichkeit unter vielen, und der Organismus kann neben dem akustischen auch über eine ganze Reihe anderer Pfade Informationen aus der Umwelt aufnehmen. Diesem Aspekt der Kommunikation widmen wir uns im folgenden Abschnitt.

Literatur

Krampen, Martin (1997). »Models of Semiosis«. In: *Semiotik. Ein Handbuch zu den zeichentheoretischen Grundlagen von Natur und Kultur.* Hrsg. von Posner, Roland. Bd. 1. Berlin: de Gruyter. Kap. 5, S. 247–287

Linke, Angelika, Nussbaumer, Markus und Portmann, Paul R. (2004). *Studienbuch Linguistik.* Tübingen: Max Niemeyer

Watzlawick, Paul, Bavelas, Janet Beavin und Jackson, Don D. (2007). *Menschliche Kommunikation. Formen, Störungen, Paradoxien.* 11., unveränderte Auflage. Bern: Huber

Von Peter Menke.

2.2
Sinne

Wie viele Sinne hat der Mensch? Die offensichtliche Antwort, die der Fragesteller erwarten würde, wäre sicherlich »fünf«. Diese Antwort ist jedoch nicht nur offensichtlich, sondern auch zu vereinfacht. So antwortet ein Artikel in der Onlineausgabe von Spektrum (Schönfelder, 2013) auf diese Frage mit »sechs«, und rechnet zu den bekannten Sinnen Hören, Fühlen, Sehen, Schmecken und Riechen auch noch das Gleichgewichtsgefühl hinzu.

Was macht das Gleichgewichtsgefühl zu einem Sinn? Was macht irgendeinen der anderen fünf Sinne zu einem Sinn? Sehr vereinfacht gesagt, lässt sich ein Sinn als aus zwei Bestandteilen zusammengesetzt sehen:

Einerseits gibt es, damit die Sinneswahrnehmung zustande kommt, ein Signal, einen Sinnesreiz. Dieser Reiz muss allerdings nicht von außerhalb des Körpers kommen. Andererseits gibt es ein Organ am oder im Körper, das diesen Reiz wahrnimmt: ein Sinnesorgan. Die Sinneswahrnehmung dabei ist stets auch individuell, und mag sich von Mensch zu Mensch unterscheiden. Diese Darstellung von Sinnen erlaubt es einem nun auch, interessante alternative Sichtweisen darauf, was ein Sinn überhaupt ist, nachzuvollziehen.

Während die klassische Sichtweise der fünf Sinne sich bereits bei Aristoteles zeigt (in *De anima* III, 1), unterscheidet Lowenstein (1966) beispielsweise nur drei Arten von Sinnen, die er danach kategorisiert, auf welchem physikalischen Weg das Signal übermittelt wird: chemisch (wie beim Schmecken und Riechen), elektromagnetisch (wie beim Sehen) oder mechanisch (wie beim Hören und Fühlen).

Schmidt (2007) dagegen geht von den altbekannten fünf Sinnen aus, er betrachtet aber auch noch andere Möglichkeiten. Speziell wirft er die Frage auf, ob Jucken, Schmerz, Kitzel Sinne seien. Schmidt sagt dort treffend: »Es wird immer eine Interpretationsfrage sein, über wie viele Sinne der menschliche Körper verfügt.« Hinzugefügt sei noch, dass es auch vermutlich eine Frage der jeweiligen Disziplin sein mag, aus der man kommt.

Das die allgemeine Vermutung, die fünf Sinne des Menschen seien ein Fakt, sich so nicht halten lässt, führt (hoffentlich) zu weiterem Interesse an der Auseinandersetzung mit diesem weiten Feld.

Literatur
Aristoteles. *De anima*
Lowenstein, Otto (1966). *The senses.* Harmondsworth: Penguin Books
Schmidt, Robert F. (2007). *Physiologie des Menschen.* Hrsg. von Lang, Florian und Thews, Gerhard. 30. Aufl. Springer-Lehrbuch 30. Heidelberg: Springer Medizin Verlag, S. 994
Schönfelder, Vinzenz (2013). *Wie viele Sinne hat der Mensch?* URL: http://www.spektrum.de/quiz/wie-viele-sinne-hat-der-mensch/867032

Von Rick Davids.

2.3

Modalitäten

Nachdem durch den vergangenen Abschnitt schon deutlich geworden sein sollte, dass ein vermeintlich so klarer Begriff wie der des *Sinnes* gar nicht so eindeutig zu bestimmen ist, soll dieser Abschnitt kurz darstellen, dass auch das Konzept der *Modalität* in verschiedenen Disziplinen sehr unterschiedlich verstanden und gleichzeitig oft gar nicht ausreichend genau definiert wird. Hierfür versuchen wir, die Literatur nach einer für all unsere Fälle gültigen und hilfreichen Definition von »Modalität« zu durchforsten.

Zunächst grenzen wir, um initiale Missverständnisse zu vermeiden, den Bereich der Modalsemantik aus, mit ihrem unter das Adjektiv »modal« subsumierbaren Themenfeld, das sich mit der sprachlichen Kennzeichnung von Notwendigkeit oder Möglichkeit bestimmter Ereignisse befasst (und hier beispielsweise mit den bekannten *Modalverben* wie »müssen« oder »dürfen«).

Diese Lesart ist in unserem Fachgebiet ausdrücklich nicht gemeint, auch wenn die Prominenz dieser Bedeutungsvariante von »Modalität« ein nicht zu unterschätzender potentieller Verwirrungsfaktor ist.[4]

Stattdessen verstehen wir unter Modalität zunächst erst einmal ganz naiv eine bestimmte Technik, Art oder Weise, zu kommunizieren. Als Einstieg eignet sich hier eine extensionale Definition – also eine Aufzählung derjenigen Phänomene, die wir als unterschiedliche Modalitäten ansehen wollen. Hierbei soll gesprochene Sprache eine Modalität darstellen. Andere (davon verschiedene) Modalitäten sind Gestik und Mimik. Weitere Modalitäten berücksichtigen wir hier erst einmal nicht – wir werden sie aber im weiteren Verlauf ›mit an Bord nehmen‹, um auf definitorische Probleme hinzuweisen. Wir suchen nun nach einer Definition, die es uns erlaubt, diese drei ersten Modalitäten als solche voneinander abzugrenzen.

Zuallererst fällt im Nachgang des vorherigen Abschnitts das Konzept der *Sinnesmodalitäten* auf. Dies sind (vereinfacht gesagt) Arten, Einflüsse der Außenwelt wahrzunehmen. Wir können im Bereich der Kommunikation unter Menschen hier zwei große Sinnesmodalitäten ausmachen: *Sehen* und *Hören*. Während natürlich auch die anderen Sinne (wie etwa der Geruchssinn) hier eine Rolle spielen, klammern wir sie der Übersichtlichkeit halber hier aus, denn es sollte klar sein, dass sie den zuerstgenannten Sinnen

---

[4] Hierbei möchte ich anekdotisch auf eine Session einer internationalen Konferenz verweisen, an der ich irgendwann um 2009 herum teilnahm. Ihr Name enthielt den Begriff »multimodal«, und sie war in dem Sinne gedacht gewesen, der auch Thema unseres Buches ist, also bezogen auf Wechselspiele von Sprache, Gestik und weiteren kommunikativen Strategien. Es stellte sich aber erst direkt in dieser Session heraus, dass knapp die Hälfte des Publikums und auch eine Vortragende mit der modalsemantischen Lesart gerechnet hatten. Diesen Personen kann man keinen Vorwurf machen (die Vortragende nahm die Situation mit Humor und trug trotzdem sehr erfolgreich vor), denn es gab keine Abstracts oder sonstige disambiguierende Informationen zu den Sessions. Wohl aber kann man die Organisatoren der Konferenz kritisieren, die anscheinend selbst entweder die eingereichten Manuskripte nicht gelesen hatten oder aber keinen Überblick darüber behielten, *was* sie denn in dieser Session für eine Lesart angedacht hatten.

untergeordnet sind und allenfalls in besonderen Situationen zum Tragen kommen.

Wenn wir nun unsere drei Modalitäten hier einsortieren wollen, fällt jedoch auf, dass wir lediglich anhand der Sinnesmodalität zwei von ihnen nicht voneinander unterscheiden können: Während gesprochene Sprache über den auditiven Sinneskanal rezipiert wird, nehmen wir sowohl Gestik als auch Mimik über den visuellen Sinneskanal wahr. Allein die Sinnesmodalität kann hier also nicht zur Kategorisierung beitragen. Nichtsdestotrotz verwendet eine ganze Reihe von Autoren (beispielsweise Weidenmann, 1997; Chen und Rao, 1998; Munhall u.a., 2004; Foxton, Riviere und Barone, 2010; Peres u.a., 2011;) den Begriff »Modalität« in der Lesart als *Sinnesmodalität* (und nimmt in Einzelfällen hier begriffliche Inkonsistenzen und sogar Widersprüche in Kauf).

Wenn wir nun Mimik und Gestik genauer betrachten, können wir ein Element ausmachen, das zur Unterscheidbarkeit beiträgt: Beide werden (üblicherweise) von unterschiedlichen Teilen des menschlichen Körpers *produziert*. Gestik entsteht durch Bewegungen (mindestens) der Arme – und, je nach Definition, auch des Kopfes (vgl. Munhall u.a., 2004; Quattoni u.a., 2006; Wittenburg, 2008; Dierker u.a., 2009) oder sogar der Knie (vgl. Lakatos u.a., 2009) und Füße (vgl. Schöning u.a., 2009). Das Gesicht mit seinen Komponenten spielt hier eine sehr untergeordnete Rolle, es wird allenfalls als Ziel von Zeige- oder Berührungsgesten verwendet. In der Mimik jedoch ist das Gesicht mit seinen beweglichen Komponenten das zentrale Produktionssystem.

Es scheint also vielversprechend, Paare aus Produktions- und Rezeptionssystem heranzuziehen, um Modalitäten zu definieren. Diesen Ansatz verfolgt beispielsweise auch Dafydd Gibbon in seiner Gestenforschung:

> A *modality* is a communication channel characterised by a pair of human motor output and sensory input organs.
>
> *Gibbon (2011, S. 474)*

Mit dieser erweiterten Lesart lassen sich tatsächlich die allermeisten Modalitäten als solche definieren. In einigen, wenigen Fällen existieren jedoch noch weiterhin Probleme, etwa, wenn wir (spontane) Gestik von Gebärdensprachen abgrenzen wollen. Immerhin teilen sich beide eine relativ ähnliche Konfiguration von Produktionssystemen, und beide werden über den visuellen Sinneskanal wahrgenommen. Im Rahmen dieses Buches wollen wir aber davon absehen, auf diese Problematik genauer einzugehen (vgl. Menke, im Druck).

Eine alternative Möglichkeit der Definition des Modalitätsbegriffs orientiert sich an Funktionalität und praktischen Gesichtspunkten. De Ruiter definiert eine solche funktionale Modalität über ihr Merkmal, dass die ihr zugehörigen Zeichen nicht gleichzeitig mit anderen Zeichen der gleichen Modalität erscheinen können, jedoch sehr wohl mit solchen aus anderen Modalitäten:

> Within a functional modality, all the identifiable signals that can be produced in that modality should be mutually exclusive. That is, within one functional modality it is not possible to produce two different signals at the same time. However, between functional modalities, every signal in modality A should be combinable with any other signal in modality B. *de Ruiter (2007, S. 142)*

Das Prinzip ist relativ simpel: Einer einzelnen Person ist es unmöglich, zwei verschiedene Wörter, Silben oder Phoneme zur gleichen Zeit zu produzieren oder in einem Augenblick zwei verschiedene Gesichtsausdrücke zu haben. Über diese Eigenschaft lassen sich Äquivalenzklassenbeziehungen von Zeichen herleiten, die zur Bildung von verschiedenen Modalitätskategorien dienen können. Auch bei diesem Ansatz können sich mit bestimmten Konstellationen Probleme ergeben, auf die wir hier aber nicht weiter eingehen (vgl. Menke, im Druck).

Während man dieses Thema noch deutlich vertiefen könnte, soll im Rahmen dieser Einführung als Fazit die Botschaft stehen, dass es keine einzelne, von allen gleichsam verwendete Variante einer Definition von »Modalität« gibt. Stattdessen gilt es, auf die Forschungstradition und die Verwendung des Begriffs im Text zu achten, um die jeweilige Lesart herauszufinden.

Im folgenden Kapitel werden wir, unserer naiven Definition von oben folgend, die zentralen Charakteristiken einiger Einzelmodalitäten beschreiben.

Literatur

de Ruiter, Jan Peter (2007). »Some Multimodal Signals in Humans«. In: *Proceedings of the Workshop on Multimodal Output Generation MOG 2007*. Hrsg. von Van Der Sluis, I. u.a.

Gibbon, Dafydd (2011). »Modelling gesture as speech. A linguistic approach«. In: *Poznań Studies in Contemporary Linguistics PSiCL* 47, S. 470–508

Menke, Peter (im Druck). *The FiESTA data model. A novel approach to the representation of heterogeneous multimodal interaction data*. Norderstedt: BoD

Weidenmann, Bernd (1997). »Multicodierung und Multimodalität im Lernprozess«. In: *Information und Lernen mit Multimedia*. Hrsg. von Issing, Ludwig J. und Klimsa, Paul. Weinheim: Beltz, S. 65–84

Von Peter Menke.

KAPITEL 3

Einzelmodalitäten

Nachdem wir zumindest einen etwas klareren Begriff davon gewonnen haben, was wir unter multimodaler Kommunikation und unter einzelnen Modalitäten zu verstehen haben, stellt dieses Kapitel nun einstiegsartig einzelne Modalitäten vor.

3.1
Prosodie

Neben dem verbalen Teil gesprochener Sprache enthält der produzierte Klang noch eine Unmenge an weiteren Eigenschaften, die sich messen und beschreiben lassen. Die Gesamtheit dieser Merkmale (so wie Sprechgeschwindigkeit, Rhythmus, Intonation oder Lautstärke) kann man (vereinfacht) als Prosodie bezeichnen.[5] Es ist inzwischen unbestritten, dass prosodische Merkmale einen erheblichen Beitrag zur Kommunikation leisten, ebenso wie die kodierten klassischen linguistischen Signale (Phoneme,

---
[5] Es gibt weitere, strengere oder abweichende Lesarten des Prosodiebegriffs, auf die wir hier aber nicht weiter eingehen.

Morpheme, etc.). Jedoch tun sie dies auf eine grundlegend verschiedene Art und Weise, deren Erforschung bei Weitem noch nicht abgeschlossen ist. Auch ist es fraglich, ob wir Prosodie wirklich nur isoliert über den akustischen Kanal wahrnehmen, oder ob dabei auch visuelle Informationen wichtig sind – und wenn ja, welche Rolle diese Informationen dabei spielen. Um diese Fragen zu beantworten, wird dieser Text die Ergebnisse verschiedener Studien darstellen.

Das Experiment von McGurk und Macdonald (1976) hat gezeigt, dass visuelle Informationen die akustische Verständnis von Phonemen beeinflussen. Das führte sogar so weit, dass die Versuchspersonen durch Rezeption eines manipulierten Videos vermeintlich Phoneme wahrnahmen, die ihnen gar nicht präsentiert worden waren (so gaben sie an, /da/ wahrzunehmen, nachdem ihnen ein Zusammenschnitt einer Videoaufnahme der Produktion von /ga/ und einer Audioaufnahme von /ba/ präsentiert worden war). Seitdem wurden mehr Experimente gemacht, um die Multimodalität der mündlichen Sprache zu verstehen. In Toulouse haben Foxton, Riviere und Barone (2010) eine Studie geführt, in der sie untersuchten, wie visuelle prosodische Merkmale die Wahrnehmung der auditiven Funktionen beeinflussen. Dazu haben sie Teilnehmern Videos gezeigt, in denen eine Frau die Wörter »si chic« sagte. Es wurden drei Varianten dieser Äußerung aufgenommen, jeweils eine mit Betonung auf »si«, auf »chic« oder neutral ohne prominente Betonung. Danach wurde das Material so verarbeitet und neu zusammengeschnitten, dass sowohl Videos entstanden, bei denen Bild und Ton ein in sich konsistentes Betonungsmuster darstellten, als auch solche, in denen die visuelle Information deutlich von der auditiven divergierte. Nach jeweils zwei Videos sollten die Teilnehmer benennen, in welcher Aufnahme sie eine prosodische Varianz (in Form von Lautstärken- oder Tonhöhenunterschieden) wahrnahmen. In einem zweiten Test konnten die Teilnehmer nur hören, kein Video wurde gezeigt, sollten aber die gleiche Aufgabe lösen. Die Ergebnisse der Experimente waren eindeutig: »The results demonstrate that visual features of speech prosody have a significant effect on the detecton of auditory features« (ebd., S. 76).

Aber ist Prosodie eine eigene Modalität in zwischenmenschlicher Kommunikation, oder sie sie ein Merkmal bzw. eine Komponente der mündlichen Sprache? Munhall u.a. (2004) vermuten auf der Basis ihrer Experimentdaten, dass die Modalitäten zumindest relativ stark zusammenhängen: »Our data suggest that this aspect [= the nonverbal context] of spoken language is not independent from speech perception« (ebd., S. 136). Auch eine weitere Studie aus der Universidade de Sao Paulo, die mit portugiesischen Sprechern durchgeführt worden war, fand heraus, dass »the results of the experiments present evidence for bimodality in speech perception« (Peres u.a., 2011, S. 140).

Diese Studien hatten drei verschiedene Sprachen als Gegenstand. Man kann sich fragen, ob Untersuchungen anderer Sprachen zu den gleichen Ergebnissen führen würden, und wie genau Prosodie sich z. B. bei Tonsprachen unterscheidet. Ob Prosodie eine Modalität von Kommunikation oder ein Merkmal der mündlichen Sprache ist, kann man lange debattieren. Eines jedoch kann als relativ gesichert angesehen werden: Visuelle Informationen helfen dabei, Prosodie besser zu verstehen.

Literatur

Foxton, Jessica M, Riviere, Louis-David und Barone, Pascal (2010). »Cross-modal facilitation in speech prosody.« In: *Cognition* 115.1, S. 71–8

McGurk, Harry und Macdonald, John (1976). »Hearing lips and seeing voices«. In: *Nature* 264.5588, S. 746–748

Munhall, Kevin G. u.a. (2004). »Visual Prosody and Speech Intelligibility: Head Movement Improves Auditory Speech Perception«. In: *Psychological Science* 15.2, S. 133–137

Peres, Daniel Oliveira u.a. (2011). »The Role of Visual Stimuli in the Perception of Prosody in Brazilian Portuguese«. In: *Selected Proceedings of the 5th Conference on Laboratory Approaches to Romance Phonology*, S. 136–141

Von Sarah Bégo.

3.2

Mimik

Die *Mimik*, d. h. der Gesichtsausdruck eines Menschen und seine Gefühlslage sind eng miteinander verknüpft, jedoch ist nach aktueller Forschungsansicht »[…] expressive behavior […] not a consequence of emotion, but a component of emotion […]« (Kappas, Krumhuber und Küster, 2013, S. 139). Unser Gesicht spiegelt unsere Emotionen jedoch nicht nur wider, sondern hilft uns auch, diese überhaupt erst zu empfinden. So besagt die Facial-Feedback-Hypothese, dass »[…] bodily feedback, including facial actions, would impact or determine the subjective experience of emotion« (ebd., S. 135). Das bedeutet, minimieren wir unseren Gesichtsausdruck, so minimieren wir auch unsere Empfindungen oder – im gegensätzlichen Fall – verstärken wir unsere mimischen Expressionen, so verstärken wir auch unsere Emotionen (vgl. ebd.). Auf der anderen Seite erfahren und erzählen Menschen häufig von anderen Gefühlen als jenen, die man ihrem Gesicht entnehmen kann:

> The match between self-reported emotional state and predicted facial expressions therefore seems to be far from perfect. In consequence, it is problematic to use prototypical expressions as diagnostic for the presence of specific subjective experience, as the cohesion is demonstrably low. *Kappas, Krumhuber und Küster (ebd., S. 141)*

Ein häufig diskutiertes und untersuchtes Thema widmet sich der Frage, inwiefern Mimik universal oder kulturspezifisch ist. Laut Paul Ekman gibt es zunächst sieben grundlegende Emotionen, die mithilfe der Mimik dargestellt werden können: Freude, Trauer, Angst, Wut, Ekel, Überraschung und Verachtung. Diese Emotionen bzw. ihr Gesichtsausdruck sind zum einen angeboren und dadurch prototypisch. Zum anderen verfügen sie jeweils über eine charakteristische Beschaffenheit, durch die sie voneinan-

3.2. Mimik

der unterschieden werden können (vgl. ebd., S. 139). Mimik sei folglich universal; Menschen könnten emotionale Gesichtsausdrücke also unabhängig von ihrer eigenen Kultur benennen. Dies bestätigen einige Studien, bei denen Probanden aus gänzlich verschiedenen Kulturen wie den USA, Papua-Neuguinea, dem Westiran oder Japan Bilder – darunter nicht nur Fotografien, sondern auch bewegte Bilder – unterschiedlich kulturangehöriger Menschen bzw. deren Gesichter gezeigt bekamen, um ihre dortigen Emotionen zu benennen (vgl. Ekman und Oster, 1979, S. 529 f.). Daraus lässt sich im Umkehrschluss folgern, dass Menschen verschiedener Kulturen die gleiche Mimik zeigen, wenn sie ein bestimmtes Gefühl erfahren, sofern dies nicht von kulturspezifischen sogenannten *display rules* behindert wird:

> Display rules are learned early in childhood and govern who can show what expression and at what time [...]. They can have the effect of exaggerating, minimizing, masking, or qualifying a universal expression of emotion depending on the social circumstance [...].
> *Kappas, Krumhuber und Küster (2013, S. 140)*

Ein gutes Beispiel für das Auftreten solcher *display rules* ist das soziale Lächeln. In diesem Fall hat das Lächeln einer Person eine rein soziale Funktion und spiegelt nicht oder nur unzutreffend die aktuelle Emotionslage dieses Menschen wider (vgl. ebd., S. 138). Dieses Phänomen beobachteten auch Ekman und Friesen in ihren Studien:

> [W]hen Japanese and American subjects sat alone watching either a stress-inducing or neutral film, they showed the same facial actions [but] when a person in authority was present, the Japanese subjects smiled more and showed more control of facial expression than did the Americans.
> *Ekman und Oster (1979, S. 530)*

Zusammenfassend lässt sich also feststellen, dass einige mimische Ausdrücke universal sind, doch diese häufig von kulturspezifischen *display rules* überlagert werden können.

Literatur

Ekman, Paul und Oster, Harriet (1979). »Facial expressions of emotion«. In: *Annual Review of Psychology* 30, S. 527–554

Kappas, Arvid, Krumhuber, Eva und Küster, Dennis (2013). »Facial behavior«. In: *Nonverbal Communication*. Hrsg. von Hall, Judith A. und Knapp, Mark L. Berlin/Boston: de Gruyter. Kap. 6

Von Nadine Beckmann.

3.3

Blick

Der vorliegende Einstieg in das Thema Blickbewegungen beruht überwiegend auf dem folgenden Artikel: Pfeiffer, Thies und Wachsmuth, Ipke (2013). »Multimodale blickbasierte Interaktion«. In: *at - Automatisierungstechnik* 61.11, S. 770–776.

»Das Auge ist der Spiegel der Seele« – so lautet das Sprichwort, trotzdem ist uns die Tatsache, dass die Augen in vielen kognitiven Prozessen von großem Belang und demzufolge unerlässlich sind, meist nicht bewusst. Durch die Kommunikationssignale, die sie produzieren, vermitteln sie nämlich Informationen über den seelischen Zustand, bzw. über Intentionen und künftige Handlungen. So beobachtete beispielsweise Kendon (1967), dass Menschen im Dialog oft den Blickkontakt zum Dialogpartner scheuen, während sie reden, dass sie ihn aber wieder aufnehmen, sobald sich ihr Gesprächsbeitrag dem Ende nähert. Kendon vermutet, dass die Vermeidung des Blickkontakts u. a. darin begründet liegen könnte, dass der jeweilige Sprecher die Möglichkeiten, unterbrochen zu werden, minimieren will, um ›am Zug‹ bleiben zu können.

Den Augen und dem Blick selber schreibt man aber nicht nur in der Forschung der zwischenmenschlichen Interaktion, sondern auch in der der Mensch-Maschine-Interaktionen eine wichtige Rolle zu. Hier ist es in den letzten Jahren möglich geworden, den Blick von Menschen weitgehend automatisiert zu erfassen und nachzuverfolgen. Um dies zu ermöglichen, muss ein solches System die zentralen physischen Merkmale der Augen und ihrer Bewegungen mitbedenken (vgl. Pfeiffer und Wachsmuth, 2013):

1. Die Augen sehen nur innerhalb eines begrenzten Bereichs (1–2°) scharf und farbig. Das hat zur Folge, dass sie sich nicht (auch wenn man das aus eigener Beobachtung vermuten mag) gleitend und kontinuierlich bewegen, sondern in kleinen Sprüngen (sogenannten *Sakkaden*), zwischen denen sie jeweils kurz verweilen, um den begrenzten jeweils fokussierten Ausschnitt wahrzunehmen (dies ist eine sogenannte *Fixation*).

2. *Verweildauer* wird die Dauer einer Fixation auf einem bestimmten von Interesse stehenden Zielobjekt genannt.

3. Die semantische Verarbeitung auf einem Punkt dauert im Schnitt viel länger (200–450 ms) als eine visuelle Lokalisierung (100 ms).

4. *Konvergenz* bedeutet, dass sich die Augen aufeinander zudrehen. Dies ist der Fall bei nahen Zielen. *Divergenz* ist hingegen das Phänomen, bei dem sich die Augen bei weiten Zielen voneinander wegdrehen.

Infolge der technischen Entwicklungen in den letzten Jahrzehnten ist es inzwischen auf vergleichsweise unkomplizierte Art und Weise möglich, Blickbewegungen zu messen. Dazu stehen einem verschiedene Eye-Tracking-Geräte zur Verfügung. Gegenwärtig sind hierbei zwei Bauweisen oder Ausprägungen verbreitet: das am Kopf getragene (kompaktere) und das am Tisch aufgestellte, fest installierte System. Wann und wie welches System angewandt wird, hängt einerseits von dem jeweiligen Untersuchungsgegenstand, andererseits von der Aufgabenstallung ab.

Die modernsten Eye-Tracker haben sehr viele Funktionen, wodurch die Untersuchungen weiter verfeinert werden können und die sich sowohl bei einer quantitativen als auch bei einer qualitativen Datenerhebung und Analyse unerlässlich erweisen. Bevor man aber mit der Datenerhebung anfängt, sollte man einerseits das Ziel der Untersuchung, andererseits die Zielobjekte bestimmen, mit denen man interagieren will. Es scheint aber sehr schwierig, all die Informationen nur über Blicke vermittelt zu bekommen.

Sollte man den Prozess verschiedener Interaktionsprozesse betrachten, kann man eindeutig feststellen, dass in blickbasierten Interaktionen andere Modalitäten auch in die Interaktion miteinbezogen werden. Das weist also stark darauf hin, dass der Blick mit anderen Modalitäten wie z.B. Gestik, Mimik, und Sprache sehr eng zusammenhängt.

Blicke und Greifen. Laut Studien erfolgen Blicke schneller als Handlungen selbst, das heißt, Greifpunkte in einer Interaktion werden bereits vor der Ausführung der Handlung identifiziert und fixiert. Bewegungen technischer Systeme sollten vorher geplant werden, sodass die Maschinen auch diese Eigenschaft besitzen können.

Blicke und Zeigen. In alltäglichen Situationen können wir beobachten, dass wenn einer der Interaktionsteilnehmer auf etwas referenziert, sich der Andere auch angesprochen und miteinbezogen fühlt. Bei der Analyse von Situationen soll man zunächst den *stroke* der Geste[6] berücksichtigen, dann die Zeigerichtung, und zum Schluss das referenzierte Objekt.[7]

Blicke und Sprache. Auch Blickbewegungen und Sprache können eng miteinander verzahnt stattfinden. Eine der Arten von Situationen, in denen dies geschieht, wird unter dem Namen *joint attention* beschrieben. Dies bedeutet eine Situation, in der erstens beide Interaktionspartner die Aufmerksamkeit auf die gleiche Sache gerichtet haben,

---

[6] Der *stroke* ist der Zeitpunkt, »an dem die Geste ihre Bedeutung kommunizieren soll« (Pfeiffer und Wachsmuth, 2013, S. 774); vgl. auch Abschnitt 4.7 ab Seite 58.

[7] Laut Studien sollte man aber die Blickrichtung des Zeigenden auch betrachten.

und in der sie sich zweitens dessen auch bewusst sind, wodurch sie auch über diese gemeinsam fokussierte Sache kommunizieren können. *Joint attention* ist also eine Strategie oder ein Prozess, mit dem eine Verständigungssicherung in Bezug auf ein gemeinsames Zielobjekt ermöglicht wird.

Als wichtiger Punkt lässt sich noch anmerken, dass die Konstruktion von computergesteuerten Modellen und Techniken, die die Datenerhebung bzw. Analysephase weiter verfeinern, zwar weitere Präzisierungen benötigt, aber der Weg, auf dem sich die Erforschung solcher Themen heute befindet, hat noch – dank der neuesten Technologien – sehr viel zu versprechen.

Literatur

Kendon, Adam (1967). »Some functions of gaze-direction in social interaction«. In: *Acta Psychologica* 26, S. 22–63

Pfeiffer, Thies und Wachsmuth, Ipke (2013). »Multimodale blickbasierte Interaktion«. In: *at - Automatisierungstechnik* 61.11, S. 770–776

Von Emese Bodnár.

3.4
Gebärdensprache und Raumsemantik

Verschiedene Modalitäten haben verschiedene Möglichkeiten, etwas auszudrücken. Nach dem Organonmodell von Karl Bühler, das sich auf sprachliche Zeichen bezieht, sind die wichtigsten semantischen Funktionen eines Zeichens die *Darstellung* von Informationen, Gegenständen und Sachverhalten, der *Ausdruck* von inneren Zuständen des Senders und der Appell an den Empfänger, sich in einer gewissen Weise zu verhalten. Mit der Darstellungsfunktion wird meist vor allem die Sprache verknüpft (vgl. Bühler, 1999, S. 24–33). Sie macht es über ein komplexes Codesystem möglich, über Dinge in der Welt (auch Abstrakta) zu kommunizieren. Kaum eine andere Modalität kann hier ein ähnlich hohes Maß an Verständlichkeit erreichen. Sprache gibt es jedoch in verschiedenen Formen: Am geläufigsten ist die Lautsprache, aber auch die Gebärdensprache hat eine starke Darstellungsfunktion. Bewusst eingesetzte, kodierte Gesten, sogenannte Gebärden, machen es Sender und Empfänger möglich, über die Welt zu kommunizieren. So wird es möglich, alles auszudrücken, was die Lautsprache auch berücksichtigt – allerdings auf andere Art und Weise. Besonders interessant ist dabei die semantische Funktion des *Gestenraums*. Dies ist der Raum vor dem Sprecher und um ihn herum, innerhalb dessen ohne größere Anstrengung Gesten produziert werden können. In diesem Gestenraum können beispielsweise Indizes, also stellvertretende Verweise auf eine bestimmte Sache oder eine Person, festgelegt werden. Der Gebärdende positioniert diese Indizes örtlich an einer bestimmten Stelle im Gestenraum und kann so im Laufe der Konversation wieder auf den Index zurückgreifen, indem er eine Gestenkomponente an dem entsprechenden Ort lokalisiert (vgl. Boyes Braem, 1995, S. 61 f.).

Die Ausführungsstelle einer Geste im Gestenraum verweist auf diese Art beispielsweise auf den Ausgangspunkt und das Ziel einer Tätigkeit. Bei sogenannten Raumverben, die diese Angaben beinhalten, symbolisiert der Startpunkt der Gebärde den Ausgangspunkt der Tätigkeit und der Endpunkt der Gebärde ist das Ziel. Solche Verben sind beispielsweise gehen oder kommen. Als Indizes sind beispielsweise ›Laden‹ und ›Schule‹ möglich. Der Gebärdende würde für den Satz ›Ich gehe von der Schule zum Laden‹ zuerst die beiden Indizes der Orte festlegen. Dazu wird die Gebärde für ›Schule‹ auf der einen Seite des Körpers und die für ›Laden‹ auf der anderen Seite gebildet. Indizes können überall im dreidimensionalen Raum angebracht werden, typischerweise aber weit genug voneinander entfernt, dass Missverständnisse vermieden werden. Dann würde der Sprecher auf den Index der Schule hinweisen, die ›gehen‹-Gebärde dort beginnen, und als Endpunkt der Geste den Index für ›Laden‹ wählen. So werden Ausgangs-

und Zielpunkt einer Handlung in Gebärden flektiert (vgl. ebd., S. 55–58).

Ebenso ist durch Gebärden der Verweis auf Personen möglich. So werden in der Gebärdensprache pronominale Referenzen gebildet. Pronomen haben allerdings eine recht komplexe Zusammensetzung: In der Lautsprache drücken Sie die Person, die Anzahl und das Geschlecht aus. Das Pronomen ›er‹ beinhaltet beispielsweise die Information, dass es sich um die dritte Person im Singular und einen maskulinen Referenten handelt. Um zumindest einige dieser Informationen in der Gebärdensprache auszudrücken, wird der Blick als Hilfsmittel eingesetzt. Auch bei pronominalen Referenzen hat der Gestenraum eine bedeutungsunterscheidende Funktion. Das ›ich‹ wird gebildet, indem der Gebärdende »mit dem Zeigefinger auf sich selbst zeigt« (ebd., S. 59). Die zweite Person, (also das ›du‹) wird so realisiert, dass der Zeigefinger auf den Referenten zeigt und ihn zeitgleich ansieht. Eine sich horizontal seitlich bewegender Zeigefinger, der auf die Referenten weist, drückt dann den Plural, also ›ihr‹ aus. Ähnlich verhält es sich mit dem Verweis auf eine dritte Person. Dazu wird das Gegenüber angesehen, der Zeigefinger deutet aber auf einen dritten. Die Richtung der Zeigegeste kann dabei vom tatsächlichen Standort oder einem vorher für die Person festgelegten Index beeinflusst sein. Ein seitlicher Ausschlag des Zeigefingers symbolisiert auch hier den Plural. Das Geschlecht des Referenten wird mit diesen Gesten nicht flektiert (vgl. ebd., S. 58–63).

Wenn man mit Indizes auf mehrere Personen und Dinge referiert, so ist die räumliche Anordnung der Indizes oft von tatsächlichen Relationen beeinflusst. Auch hier fällt der Raum, in der die Gebärde ausgeführt wird, also wieder eine bedeutungstragende Rolle zu. So werden beispielsweise Indizes für Kinder oder Dinge, die sich oft auf einer tieferen Ebene befinden, unten im Gestenraum angesiedelt. Spricht man z. B. von drei Häusern, von denen zwei nebeneinander stehen und das dritte sich auf der gegenüberliegenden Straßenseite befindet, so spiegelt sich diese Anordnung in der Aufstellung der Indizes. Auch Verwandtschaftsverhältnisse werden durch den Ort des

Indexes ausgedrückt: So werden ältere Generationen in Forme eines Index oft weiter oben gebildet als jüngere Generationen. Auch persönliche Beziehungen, beispielsweise eine Ehe oder eine enge Freundschaft, können dafür sorgen, dass die Indizes näher beieinander liegen. Besonders dann, wenn zwei eng verbundene Personen und eine dritte außenstehende gemeint sind. Diese Ähnlichkeitsbeziehung von Gesten ist ein großer Vorteil gegenüber der Sprache, wo logische und tatsächliche Beziehungen nicht räumlich dargestellt werden können (vgl. Boyes Braem, 1995, S. 63).

Durch die Platzierung im Gebärdenraum können auch Zeitangaben gemacht werden. In vielen westeuropäischen Gebärdensprachen läuft das nach dem folgenden Prinzip ab: Es wird eine imaginäre Linie angenommen, die horizontal von hinten nach vorne durch den Gebärdenden verläuft. Auf dieser Zeitlinie können Gebärden angesiedelt werden, um ihre zeitliche Relation zu verdeutlichen: Hinter dem Gebärdenden liegt dabei die Vergangenheit, kurz vor ihm die Gegenwart und etwas weiter vor ihm die Zukunft. Im Gegensatz zur Lautsprache wird so eine graduelle Unterscheidung möglich. In anderen Gebärdensprachen ist die Anordnung umgekehrt, also die liegt die Zukunft hinter dem Gebärdenden und die Vergangenheit vor ihm. Kulturell wird dies damit begründet, dass man nicht in die Zukunft sehen könne (vgl. ebd., S. 69–72).

Der Gebärdenraum spielt also semantisch gesehen eine große Rolle. Die Ausführungsstelle einer Gebärde hat so eine bedeutungsunterscheidende Funktion »auf den Ebenen des Morphems und des Satzes« (ebd., S. 55). Dadurch können Ausgangs- und Zielpunkt einer Handlung, pronominale Referenzen und Zeitangaben ausgedrückt werden. Außerdem ist durch die Bildung von Indizes eine räumliche Abbildung von logischen oder tatsächlichen Zusammenhängen dreidimensional möglich. Das bietet im Vergleich zur Sprache mehr Informationen über die dargestellte Welt. Die Darstellungsfunktion von Dingen und abstrakten Sachverhalten spielt in der Gebärdensprache ähnlich der Sprache eine große Rolle.

Literatur

Boyes Braem, Penny (1995). *Einführung in die Gebärdensprache und ihre Erforschung.* Hamburg: Signum

Bühler, Karl (1999). *Sprachtheorie. Die Darstellungsfunktion der Sprache.* Stuttgart: Fischer

Von Anne Sauerland.

3.5
Gestik

Als letzte Einzelmodalität wollen wir in diesem Band die Gestik vorstellen, und dieser Darstellung haben wir auch bewusst mehr Raum gegeben und ihr ein eigenes Kapitel gewidmet, in dem wir anhand ausgewählter Forschungs-Meilensteine ihre Besonderheiten darstellen. An dieser Stelle geben wir daher nur einen kurzen Überblick über diejenigen Aspekte, die im folgenden Kapitel nicht berücksichtigt werden konnten.

Definition. Wie so viele andere Konzepte auch, sind auch Gesten nicht immer einheitlich definiert worden. Dazu kommt, dass in besonderen Situationen auch Körperteile zum Gestikulieren verwendet werden, denen man das nicht unbedingt zutrauen würde – etwa Knie oder Füße (vgl. Lakatos u.a., 2009; Schöning u.a., 2009). In der Regel kann man aber als prototypische Gestik eine kommunikationsrelevante Bewegung hauptsächlich der Arme (inklusive der Hände und Finger) und, je nach Sichtweise, auch des Kopfes ansehen (vgl. Sowa, 2006).

Abgrenzung zu Gebärdensprachen. Obwohl sich spontane Gesten und Gebärdensprachen besonders anhand der sich überschneidenden Produktionssysteme und Sinneskanäle ähneln, sei darauf hingewiesen, dass es sich dennoch um grundlegend unterschiedliche Modalitäten handelt. Während Gebärdensprachen (wie oben bereits erläutert wurde) in den meisten Fällen vollwertige Sprachen sind, handelt es sich bei spontanen Gesten um ein grundlegend anderes System. Genaueres hierzu wird in Abschnitt 4.8 erwähnt.

Kategoriensysteme. Es ist in der Vergangenheit immer wieder versucht worden, Gesten anhand von diversen Kategoriensystemen einzuordnen und voneinander abzugrenzen. Einige dieser Systeme ähneln einander und bauen teilweise aufeinander auf, wobei nicht immer klar ist, in welchen Fällen mehrere Autoren zufällig zu äquivalenten Ergebnissen gekommen sind, und in welchen Fällen die vorherige Literatur Einfluss gehabt hat. Besonders auffällig sind die Parallelen in den Kategoriensystemen, die jeweils von Wilhelm Wundt, David Efron, Paul Ekman und verschiedenen Kollegen, bzw. David McNeill vorgeschlagen wurden. Um ein anschauliches Beispiel zu geben: Alle beschreiben den gleichen Gestentyp einer Geste, die eine visuelle Ähnlichkeit mit einem darzustellenden, materiellen Zielobjekt hat, jedoch verwenden sie (fast) alle unterschiedliche Termini: Wundt nennt sie *nachbildende Gebärden*[8], Efron nennt sie *iconographic*, Ekman *illustrators* (oder, wenn man die konkretere Unterkategorie wählen will, *pictographs*), und McNeill schließlich *ikonisch* (vgl. Wundt, 1904; Efron, 1972; Ekman und Friesen, 1969; McNeill, 1992). Auch wenn sich diese Kategorien in Nuancen unterscheiden, bezeichnen sie dennoch recht ähnliche Klassen von Gesten. Dies sei nur angemerkt für die Lektüre des folgenden Kapitels, das durch diese teilweise redundante Darstellung sonst eventuell für Verwirrung sorgen könnte.

---

[8] Wundt meint hier das, was wir mittlerweile unter Gesten fassen würden. In der Vergangenheit wurden die Begriffe ›Geste‹ und ›Gebärde‹ oft noch relativ synonym verwendet, wohingegen wir heutzutage relativ streng zwischen (spontanen) Gesten und zu einer Gebärdensprache gehörenden Gebärden unterscheiden.

Auf dieser Basis stellt nun (wie bereits erwähnt) das nächste Kapitel ausgewählte Meilensteine der Gestenforschung dar – Meilensteine deshalb, weil jeder Autor, jede Publikation in irgend einer Weise etwas Neues vollbracht hat – sei es eine neue Methode, eine Abrechnung mit als wissenschaftlich erachtetem Vorgehen der Vergangenheit, oder eine neue Sichtweise auf ein vermeintlich gut erfasstes Phänomen.

Es sei noch angemerkt, dass das folgende Kapitel einen immer enger werdenden Fokus einnimmt. Während die früheren Epochen noch auf allgemeinerer Ebene abgehandelt werden, nimmt der Detailgrad zu, je mehr wir uns der Gegenwart nähern, so dass das Kapitel mit Abschnitten zu einzelnen Personen und ihren Errungenschaften endet. Das soll die davor berichteten historischen Leistungen aber in keiner Weise schmälern.

Von Peter Menke.

KAPITEL 4

Meilensteine der Gestikforschung

4.1

Antike, Mittelalter und Frühe Neuzeit

Die Geste als Ausdruck des Gedachten ist in allen Menschen verankert. Ihre konversationelle Funktion wurde allerdings in der Geschichte insoweit unterdrückt, als dass ausladende und unkontrolliertes Gestikulieren kultur- und epochenübergreifend verpönt waren. Müller geht sogar so weit, von der »gezähmte[n] Geste« (C. Müller, 1998, S. 27) zu sprechen.

Das Postulat der kontrollierten Geste geht bis in die Antike zurück. Schon Quintilian (⋆ ca. 35, † 96) beschrieb ausladende und ungezügelte Gesten als fehlerhaft (Inst. Or. XI). Sein Werk ist nicht als deskriptive Gestenforschung zu sehen, sondern als Lehrbuch für die korrekte Benutzung von Gesten zur Unterstützung der Rhetorik. Diese Lehre der domestizierten Gesten war Teil der Ausbildung der antiken Redner. So wurde ein guter Sprecher anhand von kontrollierten, als angemessen empfundenen Gesten festgemacht. Eine fortwährend der Selbstprüfung unterzogenen Gestik beinhaltete, dass die Gesten nur in einem »klar abgegrenzten Gestenraum«

(C. Müller, 1998, S. 28) abspielen durften. So sollten sich die Redner von der ausladenden Gestik der Schauspieler und der ungehobelten Bewegungen von Bauern und Sklaven unterscheiden.

Die gesellschaftlich geforderte Kontrolle der Geste setzte sich bis ins europäische Mittelalter fort. In dieser Zeit nutzten kirchliche und weltliche Würdenträger die gezähmte Gestik, um ihre Macht und Erhabenheit zu demonstrieren. Ruhige und würdevolle Gesten sollten sie vom gewöhnlichen Volk abheben. Die willentlich gezügelten Gesten unterstützen in dieser Epoche die Vormachtstellung der Sprache als Darstellungsmittel. Die mittelalterliche Kultur kann daher als primär oral bezeichnet werden (vgl. ebd., 28f.).

Das Credo der Kontrolliertheit in der Gestenverwendung ist bis in die frühe Neuzeit erkennbar. Auch wenn John Bulwer (* 1606, † 1656) bei der Verwendung von nachahmenden Gesten Ausnahmen erlaubt (vgl. Bulwer, 1644), beschreibt Cludius (* 1754, † 1835) etwa ein Jahrhundert später die ungezügelten Bewegungsformen wieder als eines der schwersten Vergehen eines Redners (vgl. Cludius, 1792). Adolph Freiherr von Knigge (* 1752, † 1796) fordert ebenfalls einen geordneten, gemäßigten Gestengebrauch als sichtbaren Standesunterschied zwischen der wohlerzogenen Oberschicht und den »Personen aus der niedrigen Volksklasse« (Knigge, 1987, S. 63).

Ein Blick auf die Geschichte der Gestik zeigt daher, dass die Kontrolle der Gesten schon sehr lange als Mittel eingesetzt wird, um gute Erziehung, einen hohen Stand und damit Macht auszudrücken. Diese grundsätzlich positiv konnotierte Zähmung der Geste durch vielfach niedergeschriebene Gebote ist bis in die Gegenwart wirksam.

Literatur

Bulwer, John (1644). *Chirologia. Or The naturall language of the hand. Composed of the speaking motions, and discoursing gestures thereof. Whereunto is added Chironomia.* London: Harper

Cludius, Hermann Heimart (1792). *Grundris der körperlichen Beredsamkeit. Für*

Liebhaber der schönen Künste, Redner und Schauspieler; ein Versuch. Hamburg: Bohn

Knigge, Adolph (1987). *Über den Umgang mit Menschen*. Hrsg. von Ueding, Gert. 1. Aufl. Insel-Bibliothek. Frankfurt am Main: Insel-Verlag

Müller, Cornelia (1998). *Redebegleitende Gesten. Kulturgeschichte, Theorie, Sprachvergleich*. Berlin: Spitz

Quintilianus, Marcus Fabius (1988). *Ausbildung des Redners. Zwölf Bücher (=Institutio Oratoriae)*. Hrsg. von Rahn, Helmut. Darmstadt: Wissenschaftliche Buchgesellschaft

Von Anne Sauerland.

4.2

Wilhelm Wundts Völkerpsychologie

Laut Wilhelm Wundt (* 1832, † 1920) werden bei der Gebärdensprache[9] die Gedanken eines Menschen durch Bewegungen geäußert, die sichtbar, allerdings nicht zugleich hörbar sind (vgl. Wundt, 1975 [1911], S. 143). »Die Gebärdensprache ist ein natürliches Entwicklungsprodukt der Ausdrucksbewegungen und sie ist [...] ein spezifisch menschliches Erzeugnis« (ebd., S. 231). Ihren Ursprung hat sie zwei meist miteinander verknüpften Bedingungen zu verdanken: Zum einen trat die Geste mit dem gesprochenen Wort auf, sodass dieses später häufig wegfallen konnte. Zum anderen diente die Geste als *lingua franca*, falls eine Verständigung durch Worte nicht möglich war (vgl. ebd., S. 153).

Wundt, der seine *Völkerpsychologie* ab ca. 1900 publizierte, hat noch keine wirkliche Unterscheidung zwischen den Gebärden Gehörloser (heute als Gebärden- oder Zeichensprache betitelt) und den Gebärden Hörender (heute als Gesten bezeichnet) getroffen – er nennt beides Gebärdensprache. Allerdings spricht er bei den Gehörlosen von ›neugebildeter‹, bei den

---

[9] Unter den Begriff ›Gebärden‹ subsumiert Wundt auch Gesten; Näheres hierzu im weiteren Textverlauf.

Hörenden von ›überlieferter‹ Gebärdensprache, da diese weit früher existiert haben soll und von Generation zu Generation weitergegeben wurde (vgl. Wundt, 1975 [1911], S. 162). Weiterhin kämen alle im Folgenden vorgestellten Gestentypen sowohl bei der neugebildeten als auch bei der überlieferten Gebärdensprache vor, jedoch in unterschiedlichem Maße.

Wundt unterscheidet vier Gestentypen voneinander: die hinweisenden, nachbildenden, mitbezeichnenden und symbolischen Gesten (wobei die letzten drei jeweils Unterkategorien der darstellenden Gesten bilden).

Die hinweisenden Gesten sind die einfachsten und ursprünglichsten Gesten (vgl. ebd., S. 166). Ein Indiz dafür ist die Tatsache, dass deiktische Gesten i. d. R. die zuerst auftretenden Gesten bei Kindern sind. Mithilfe der hinweisenden Gesten wird allerdings nur auf anwesende Objekte referiert: »Das erste dieser Gebiete ist das der *Personen der Unterredung*, das zweite das der *räumlichen Verhältnisse*« (ebd., 167, Hervorhebung im Original, die Sperrung im Original wird hier durch Kursivdruck wiedergegeben).

Nachbildende Gesten geben das Bild eines Gegenstandes wieder und können des Weiteren in zwei Arten unterteilt werden: Die vergänglichere Art wird als *zeichnende* Form benannt, da hier lediglich »Umrißlinien des vorgestellten Gegenstandes mit dem bewegten Zeigefinger in die Luft gezeichnet« werden. Die andere Art stellt die *plastische* Form dar, bei der »die Gestalt des Gegenstandes [...] durch die Hände in einer bleibenden Form nachgebildet« (ebd., S. 170) wird. Allerdings müssen beide Arten nicht isoliert voneinander auftreten, sie können sich jederzeit miteinander verbinden (vgl. ebd.).

Die mitbezeichnende Gesten besitzt die »charakteristische Eigenschaft [...], daß sie nicht den Gegenstand selbst in seinen gesamten Umrissen oder in denen eines besonders in die Augen fallenden Teiles wiedergeben, sondern daß sie irgendein sekundäres, willkürlich herausgegriffenes Merkmal zu seiner Beziehung wählen« (ebd., S. 178). Diese Gesten haben sich häufig aus den zeichnenden entwickelt. Hier wird deutlich, dass eine klare Grenzziehung zwischen den verschiedenen Typen kaum möglich ist:

> [Darstellende Gesten] sind eben auf gemeinsamem Stamm erwachsene Entwicklungsformen. Wo statt der Umrißzeichnungen oder der plastischen Wiedergabe ein nebensächliches Merkmal zureicht, da begnügt sich die Gebärde mit der Andeutung eines solchen, das dann durch Assoziation das Erinnerungsbild wachruft. *(ebd.)*

Während die anderen Gesten jeweils direkte Assoziationen mit dem Gegenstand, auf den sie sich beziehen, hervorrufen (wie bei den hinweisenden Gebärden) oder zumindest eine gewisse Vorstellung wecken (wie bei den nachbildenden oder mitbezeichnenden Gesten), so existiert bei den *symbolischen* Gesten »mindestens eine *Zwischenvorstellung*, die ebensowohl mit der Gebärde selbst wie mit der auszudrückenden Vorstellung assoziativ verbunden ist [und] zwischen beide tritt« (ebd., 184, Hervorhebung im Original wie oben). Je mehr Assoziationsstufen nun hinzutreten, umso mehr entfernt sich die symbolische Bedeutung von der nachbildenden (vgl. ebd., S. 185).

Weiterhin werden nach Wundt alle Gesten hinsichtlich ihrer Entwicklung und ihres Erhalts von der Lautsprache beeinflusst (vgl. ebd., S. 155). Wegen sich wandelnder Bedürfnisse des Denkens können sie auch einem Bedeutungswandel unterliegen, der nicht plötzlich, sondern durch Zwischenschritte erfolgt (vgl. ebd., S. 212 f.).

Literatur
Wundt, Wilhelm (1975 [1911]). *Völkerpsychologie. Eine Untersuchung der Entwicklungsgesetze von Sprache, Mythus und Sitte*. Bd. 1. Nachdruck der dritten Auflage, Leipzig 1911. Aalen: Scientia

Von Nadine Beckmann.

4.3
Die Rassentheoretiker vor und im Dritten Reich

David Efron (* 1904) stellt in der Einleitung seines Buches *Gesture and Environment*,[10] welches sich mit der Erforschung kulturabhängiger Gesten beschäftigt (vgl. S. 52), sogenannte Wissenschaftstheorien aus der Zeit des Nationalsozialismus dar. Hierbei wurde die grundsätzliche Behauptung aufgestellt, die Gestik eines Individuums wird von seiner Rasse bestimmt. Efron hinterfragt auf Basis seiner eigenen Forschung die dabei angewandten Forschungsmethoden der Rassentheoretiker.[11]

Die veröffentlichten Forschungsergebnisse, auf die sich Efron in seiner kritischen Einleitung bezieht, entstanden in der Zeit zwischen 1925 und 1933/1940, einige Artikel hierzu wurden bereits 1908 publiziert. So wurde innerhalb der nationalsozialistischen Zeit im Dritten Reich vor allem Antisemitismus auf nach damaliger Ansicht wissenschaftlicher Ebene reproduziert, wie beispielsweise das folgende Zitat erkennen lässt:

> Bei Juden oder ›Halbjuden‹, deren leibliche Züge durch stärkste Einschlage einer oder mehrerer europäischer Rassen ›unjüdisch erscheinen‹, lasst sich oft gerade an den Bewegungen das ›jüdische‹ erkennen. *Günther (1930, 213, zit. n. Efron)*[12]

Andere rassentheoretische Gestenforschungen beinhalten Behauptungen, die sich grundsätzlich gegen als minderwertig erachtete Ethnien richten:

---

[10] Dieses Werk wurde 1972 unter dem veränderten Titel *Gesture, Race and Culture* nachgedruckt, da man zwischenzeitlich die Relevanz dieser Untersuchung für die Gestikforschung erkannt hatte.

[11] Da viele der von Efron zitierten Werke schwer oder gar nicht mehr beschaffbar waren, verlassen wir uns im Folgenden auf Efrons Zitate und Zusammenfassungen dieser Autoren, ohne sie im Einzelfall zu prüfen.

[12] In verschiedenen Zitaten von Efron (der deutsche Texte in seinem englischsprachigen Werk im Original zitiert) scheinen sich Umlautfehler zu befinden. Aufgrund der Nichtverfügbarkeit vieler älterer Werke konnte nicht weiter geklärt werden, ob es sich hierbei um Zitierfehler oder Fehler im zitierten Text handelt.

4.3. Die Rassentheoretiker vor und im Dritten Reich

Nach Ottmar Rutz spiegeln u. A. die alten Griechen, die modernen Franzosen, Mongolen, Menschen aus Nordafrika, Juden, Araber, Spanier und Portugiesen eine rassische Gruppe wider. Dabei seien ihre Körperbewegungen von straffer Elastizität – scharf, geradlinig, stoßartig. Eine andere Rasse bildet eine unspezifizierte Gruppe aller ›Schwarzen‹. Hier bezeichnet Rutz ihre Gesten als chaotische Wildheit. Efron zitiert eine ganze Reihe weiterer Äußerungen, von denen anzunehmen ist, dass er sie gezielt aufgrund ihrer Groteskheit und ihres unwissenschaftlichen Charakters wegen ausgewählt hat – wie dieses Zitat exemplarisch zeigt:

> Die Arme [der ›mediterranean race‹] bewegen sich unlustig und gezwungen im Raume wie ein Huhn das fliegt
> *Clauss (1933, zit. n. Efron)*

All diese Darstellungen stehen bei den Rassentheoretikern in einem deutlich sichtbaren Kontrast zu denen der Germanen – diese werden u. A. als schweigsam und bedächtig in ihrer Rede und in ihren Bewegungen beschrieben. Der Grund dieser Kontraste liegt den Rassentheoretikern zufolge in der sogenannten rassischen Mentalität, die bei den Germanen auf Schweigsamkeit, bedingt durch ihr Reichtum an komplexen Gedanken, basiert (Gehring, 1908).

Rassismus in der Wissenschaftsgeschichte
Die hier behandelten Rassentheoretiker haben viele Theorien aufgebaut, die von ihnen zu verschiedenen wissenschaftlichen Fachbereichen wie Erziehungswissenschaft, Soziologie, Psychologie oder Linguistik gezählt werden. Auf diese Weise erheben die Rassentheoretiker den Anspruch, Rassismus zu erklären und zu motivieren. Heute werden solche Theorien oft als *authorized racism* bezeichnet. Im Folgenden sollen kurz die politischen Konsequenzen dieser Theorien und die in den Theorien angewandten Methoden dargestellt werden.

Aus politischer und sozialer Sicht haben diese rassentheoretischen Forschungen starke Konsequenzen gehabt. Eines der augenfälligsten Beispiele hierfür wären die Vernichtungslager der NS-Diktatur. Antisemitismus war damals allgegenwärtig und solche Forschungen haben Rassismus gerechtfertigt (Fairchild, 1991). Aber auch beispielsweise der Sklavenhandel wurde wissenschaftlich begründet. Plous und Williams (1995) liefern beispielsweise Belege aus zeitgenössischen Lexika:

> the entry for »Negro« in the ninth edition of the Encyclopaedia Britannica (1884, p. 316) stated authoritatively that the African race occupied »the lowest position of the evolutionary scale, thus affording the best material for the comparative study of the highest anthropoids and the human species.« *Plous und Williams (ebd., S. 795)*

Trotzdem haben schon manche Wissenschaftler bereits im 19. Jahrhundert gegen Sklavenhandel argumentiert. Tiedemann (1836) schrieb: »The principal result of my researches on the brain of the Negro, is, that neither anatomy nor physiology can justify our placing them beneath the Europeans in a moral or intellectual point of view« (S. 525).

Dennoch können Konsequenzen der rassentheoretischen Forschungen beispielsweise mit der Apartheid in Südafrika (endete 1994) und den Internatsschulen für Ureinwohner in Australien, Neuseeland und Amerika auch in der jüngeren Zeit entdeckt werden. Diese politischen Handlungen führten teilweise zum Tod von Millionen von Menschen.

Nach dem zweiten Weltkrieg wurden die Rassentheorien z.B 1950 von der UNESCO mit folgenden Worten stark kritisiert: »Mankind will not soon forget the injustices and crimes which give such tragic overtones to the word ›race‹« (UNESCO, 1950). Um solche Ereignisse zu vermeiden, haben Länder wie Frankreich eine drastisch politische Entscheidung getroffen: das Konzept von Rasse wird nicht mehr benutzt. Anders als in Amerika wo das Rassenkonzept auch heute noch täglich verwendet wird, kam es in Frankreich zu einer Tabuisierung des Konzepts und des Wortes (vgl. Bleich,

4.3. Die Rassentheoretiker vor und im Dritten Reich

2001). Der Staat lehnt ab, das Wort zu übernehmen und es ist verboten bei einer Umfrage nach der Rasse zu fragen. »France has firmly rejected all race-based affirmative action, hard or soft« (ebd., S. 270).

Um den *authorized racism* abschaffen zu können, müssen sowohl Forscher als auch das Volk diese Diskriminierung energisch bekämpfen. Obwohl es heutzutage schwieriger ist, Rasse als wissenschaftliches Konzept zu benutzen, kann man solche Rassentheorien in Studien finden. Das Hauptproblem liegt daran, dass Vorurteile noch sehr präsent sind.

Methodik der Rassentheoretiker
Auf wissenschaftlicher Ebene ergibt sich nun nach diesem kurzen beispielhaften Einblick die Frage, mit welchen Methoden die Vertreter der Rassentheorie – u. A. Hans Günther (1930, SS-Mitglied), Fritz Lenz (1927, Rassenhygieniker) oder Wilhelm Bohle (u. A. NSDAP) – zu diesen Behauptungen gelangen.

So ist beispielsweise in Günthers gesamten Buch nicht ein einziger empirischer Beweis zu finden, der einen kausalen Zusammenhang zwischen Rasse und Gestik belegt. Efron folgert daraus, dass alle Aussagen, die Günther trifft, rein spekulativ erscheinen und auf keinen Datenmaterialien beruhen. Auch Walter Berger (1936) stellt in seinen Forschungen weder seine verwandten Daten vor, noch macht er Angaben zur Methodik.

Neben diesen rassentheoretischen Vertretern, gibt es auch jene, die sich zu ihren Forschungsmethoden äußern: Clauss (1933) bezeichnet innerhalb seiner rassentheoretischen Forschungen seine methodische Verfahrensweise als »mimical method«. Diese beruhe auf einer gewissen intuitiven Fähigkeit und kann nur von bestimmten, talentierten Anthropologen verwendet werden:

> True anthropology [...] does not and cannot utilize the procedures of empirical observation and quantitive intercomparison [...].
> *zit. n. Efron (1972)*

Empirische Daten können nach Clauss demnach nicht objektiv erarbeitet werden. Er selbst scheint davon überzeugt, dass seine Forschungen auf Intuition beruhen. Schaut man sich das tatsächliche Datenmaterial innerhalb Clauss' Forschung an, sind außer einer fotografischen Sammlung offensichtlich posierender Personen keine Beweise für seine These, es bestehe ein Zusammenhang zwischen Gestik und Rasse, nachvollziehbar. Efron belegt, dass Clauss nicht der einzige Autor war, der so gedacht und gearbeitet hat:

> Mr. Boettinger, like Mr. Clauss, believes also that in the study of race the method of ›intuition‹ is a better guide than are comparative obeservation and measurement. All these writers seem to be completely indifferent to the elementary question of empirical evidence. *Efron (1972, S. 31)*

Efron schließt aus seinen Beobachtungen auf methodischer Ebene, dass die rassentheoretischen Forscher sich regelmäßig mit rein spekulativen Behauptungen zufriedengeben. Ebenso stellt er heraus, dass (neben der Abwesenheit einer erkennbaren empirischen Methodik und den fehlenden Beschreibungen auf qualitativer und quantitativer Ebene) keiner der Rassentheoretiker das soziale Umfeld der zu untersuchenden Personen berücksichtigt hat. All diese Beobachtungen bringen Efron letztlich dazu, eigene Forschung kulturabhängiger Gesten auf fundierten methodischen Verfahren anzutreten (auf die in Abschnitt 4.4 eingegangen werden wird).

Wie wir bereits weiter oben angedeutet haben, reagiert David Efron in seinem Hauptwerk über Gestik sehr deutlich auf die Aussagen der verschiedenen Rassentheoretiker. Hierbei folgt er einer immer gleichen stringenten Argumentationsstruktur: Er klärt seinen Leser über die vermeintlichen Erkenntnisse der jeweiligen Theorien auf, wobei er auffallend oft Zitate nutzt. Anschließend beschreibt er kurz die »Methode« des jeweiligen Theoretikers und kommt dabei in ausnahmslos allen Fällen zum Schluss, dass das Vorgehen nicht wissenschaftlich ist, sondern, dass die Theoretiker sich häufig der Verallgemeinerung oder ihrer ganz eigenen »Intuition« bedienen. Seine

4.3. Die Rassentheoretiker vor und im Dritten Reich

Formulierungen sind dabei stellenweise subtil, stellenweise aber auch sehr deutlich wertend:

> leaves us entirely in the dark as to what this ›form‹ may be   (S. 23)
>
> not the slightest indication as to the data and the methods by which they have arrived at their rather startling discoveries   (S. 24)
>
> their claims appear to be based more on fancy than on fact   (S. 24)

In seiner Untersuchung der verschiedenen Theorien sieht Efron schließlich eine ausreichende Basis für eine Einschätzung der objektiven Gültigkeit. Er äußert vorab einige Vermutungen und macht erneut deutlich, dass er sich stark distanziert, kehrt danach aber zurück zu einer sachlichen Beurteilung. Sein Bestreben ist, korrekt und wissenschaftlich vorzugehen. Deshalb folgt er weiterhin seiner logischen Argumentationsstruktur: Er formuliert zwei Haupteinwände gegen die Rassentheorien, die ihnen gemeinsam sind, und belegt seine Aussagen mit Beispielen. Der erste problematische Punkt ist dabei das nicht wissenschaftliche Vorgehen von Günther und den anderen Autoren, das oft nur auf Spekulationen und Verallgemeinerungen beruht, wie Efron bereits sehr zugespitzt in einem früheren Absatz kommentiert hat:

> The absence in his book of any sort of empirical evidence that might tend to substantiate such a sweeping statement, leads one to believe that Mr. Lutz, like Mr. Class, is one of those selected few who know all through ›eine gewisse intuitive Begabung‹ or perhaps, through some kind of ›Seelisch-Geistige‹ revelation.   *Efron (ebd., S. 30)*

Der zweite Einwand Efrons ist die Verwendung einer unklaren und oft auch unpassenden Terminologie, die noch dazu von Theoretiker zu Theoretiker unterschiedlich ist und damit einer Grundlage entbehrt, auf die man sich berufen könnte.

Zum Abschluss beschreibt Efron, trotz seiner deutlichen Distanzierung von den Rassentheoretikern, sachlich, wie ein korrektes wissenschaftliches Vorgehen hätte aussehen müssen, um ernstzunehmende Ergebnisse zu erhalten, die nicht lediglich einen Spiegel der Politik darstellen.

Literatur

Bleich, Erik (2001). »The French model: Color-blind integration«. In: *Color lines: Affirmative action, immigration, and civil rights options for America*, S. 270–296

Efron, David (1972). *Gesture, race and culture*. The Hague: Mouton. Reprint of: Efron, D. (1941): Gesture und Environment. New York: King's Crown Press

Fairchild, Halford H. (1991). »Scientific racism: The cloak of objectivity«. In: *Journal of Social Issues* 47.3, S. 101–115

Plous, Scott und Williams, Tyrone (1995). »Racial Stereotypes From the Days of American Slavery: A Continuing Legacy«. In: *Journal of Applied Social Psychology* 25.9, S. 795–817

Tiedemann, Friedrich (1836). »On the Brain of the Negro, Compared with That of the European and the Orang-Outang«. In: *Philosophical Transactions of the Royal Society of London* 126, S. 497–527

UNESCO (1950). *The race question*

Von Sarah Anne Bégo, Jana Hack und Justine Kohl.

4.4
David Efrons Studie

Auf der Basis der soeben dargestellten Kritik an rassentheoretischen Untersuchungen erforscht David Efron in den dreißiger Jahren in seiner groß angelegten kulturvergleichenden Gestikstudie, wie groß der Einfluss des kulturellen oder des genetischen Hintergrunds eines Menschen auf sein Sozialverhalten ist. Der Hintergrund von Efrons Studie ist die *nature-nurture*-Debatte, welche zum Zeitpunkt der Untersuchung allgegenwärtig ist. Da verschiedene kulturell bedingte Zuschreibungen bislang nur hypothetisch entstanden und die paradoxe Stereotypenbildung förderten, konzipiert

4.4. David Efrons Studie

Efron seine Studie, um Theorien von herkunftsspezifischen Eigenheiten, bzw. Kommunikationsformen gezielt empirisch zu untersuchen (vgl. Efron, 1972, S. 21 ff.; C. Müller, 1998, S. 56). Untersuchungsgegenstand ist die Variation alltäglicher und natürlicher Gestenverwendung bei vier verschiedenen kulturellen Gruppen; assimilierte und nicht-assimilierte süditalienische und ostjüdische Einwanderer mit Wohnsitz in New York (vgl. Efron, 1972, S. 65 f.).[13]

Efrons Hypothesen lassen sich vereinfacht so zusammenfassen: Wenn verschiedene Ausprägungen der Gestenverwendung auf Veranlagung beruhen, so sollten sich die Gesten der ersten und zweiten Einwanderer-Generation nicht voneinander unterscheiden. Ist die Gestenproduktion aber durch die Umwelt beeinflussbar, so sollte sich dies auch innerhalb einer kulturellen Gruppe widerspiegeln. Die Gestenverwendung der untersuchten Gruppen wurde anhand zweier Merkmale systematisch analysiert und verglichen: die raumzeitlichen Eigenschaften von Gesten, wie Ort und Form des Bewegungsverlaufs, sowie kommunikativen Eigenschaften von Gesten die Mitteilungscharakter haben (vgl. ebd., S. 65, 67).

Die Ergebnisse widerlegen die nationalsozialistischen Theorien, Verhaltensweisen würden auf der Abstammung eines Menschen beruhen (vgl. ebd., S. 160). Bei den süditalienischen und ostjüdischen Einwanderern, die an ihrer ursprünglichen kulturellen Identität festhalten, unterscheiden sich die redebegleitenden Gesten hinsichtlich ihrer raumzeitlichen Eigenschaften, sowie hinsichtlich ihres kommunikativen Potentials. Süditalienische Immigranten verfügen laut Efron über einen großen Gestenraum, sowie ein reiches Repertoire an Gesten. Ihre Gesten sind zudem eher rundlich und haben Darstellungscharakter. Demgegenüber nutzen die Ostjüdischen Einwanderer den Gestenraum nur begrenzt und haben zugleich ein eher

---

[13] Es wurden insgesamt 2810 Personen untersucht, die sich unterteilen in 850 und 750 traditionelle Ostjuden und Süditaliener, sowie 600 und 400 assimilierte Ostjuden und Süditaliener (vgl. Efron, 1972, S. 67).

begrenztes Gestenrepertoire. Die ostjüdischen Einwanderer verwendeten außerdem eckige und diskursbezogene Gesten, mit denen kein Inhalt vermittelt, sondern der Verlauf der Argumentation unterstrichen bzw. gegliedert wird. Ihre Gesten sind außerdem temporeich und finden innerhalb eines engen Kommunikationsraumes statt, in dem auch das Berühren des Gesprächspartners nicht selten vorkommt (vgl. Efron, 1972, S. 73 ff., 110 ff.; C. Müller, 1998, S. 58 f.). Bei den assimilierten Gruppen von Einwanderern zeigte sich eine Angleichung ihrer Gesten an die amerikanische Kultur,[14] womit Efron die kulturelle Determiniertheit spontaner redebegleitender Gesten schließlich bestätigt (vgl. Efron, 1972, S. 154 ff.).

Literatur
Efron, David (1972). *Gesture, race and culture.* The Hague: Mouton. Reprint of: Efron, D. (1941): Gesture und Environment. New York: King's Crown Press
Müller, Cornelia (1998). *Redebegleitende Gesten. Kulturgeschichte, Theorie, Sprachvergleich.* Berlin: Spitz

Von Leila-Marie El-Haj.

4.5

Ray Birdwhistell

Die menschliche nonverbale Kommunikation umfasst neben Gesten auch die Köperbewegungen bzw. das kinästhetische Verhalten. Ray L. Birdwhistell (* 1918, † 1994), amerikanischer Anthropologe, Ethnologe und Linguist, gilt als der Gründer der Kinesik[15], dem Studium der menschlichen Bewegung als kulturell bedingte visuelle Kommunikation. Birdwhistell ordnete der Kinesik den Gesichtsausdruck, Gesten, die Körperhaltung sowie

---

[14] Efron beobachtet hier auch eine Form von etwas, was er als »gestischen Bilingualismus« bezeichnet: Personengruppen vermischten die Ausprägungen ihrer Ursprungsgesten mit der der neuen Kultur (Efron, 1972, S. 154).
[15] Vom griechischen Wort für ›Bewegung‹ abgeleitet.

sichtbare Arm- und Körperbewegungen zu. Zahlreiche Experten der Anthropologie, Folklore und Psychologie ließen sich von ihm inspirieren und stützen sich zum Teil noch heute auf seine Werke.

Birdwhistell stellte als erster die These auf, dass kinetische Kommunikation in erlernten Verhaltensmustern auftrete, die mit der sprachlichen Kommunikation nicht nur zusammenhinge, sondern auch eine ähnliche Struktur aufweise. Diese Struktur versuchte er, systematisch zu beschreiben: neben dem Überbegriff der *Kinesik* prägte er auch die Begriffe *Kinem*, *Kinomorph* und *Kinomorphem*[16]. Ein Kinem sei mit einem Phonem in der gesprochenen Sprache zu vergleichen, während ein Kinomorph den Morphen und ein Kinomorphem den Morphemen der sprachlichen Kommunikation entspreche.

Neben dem, was die Beteiligten im Laufe einer Konversation sagen, würden sie sich gegenseitig außersprachlich Informationen über ihr Alter, die Geschlechterrollen, den jeweiligen Status sowie ihren sozialen und kulturellen Hintergründe übermitteln. Dieser nonverbale Austausch von Informationen mache einen Anteil von 90% der gesamten Konversation aus. Zudem ging er davon aus, dass die Kinesik, also die Körperbewegungen, einen Anteil von 65–70% der Informationen, die in Konversationen vermittelt werden, ausmache.

Nachdem er 1941 sein Masterstudium beendete, betrieb er von 1944 bis 1946 Feldforschung in Kanada und hatte den Lehrstuhl an der University of Toronto inne. 1951 erhielt er den Ph. D. in Anthropologie der Universität von Chicago. Während seiner Forschungsarbeit unter den Kutenai-Indianern in British Columbia fiel ihm auf, dass die Kutenai ihre Stammesmitglieder anhand der Körperhaltung und Körperbewegungen aus großer Entfernung von Nichtmitgliedern unterscheiden konnten. Außerdem war er davon fasziniert, dass diese in der Lage sind, eine große Menge an nonverbalen Informationen zu übermitteln. Diese Beobachtun-

---

[16] Alternative Bezeichnungen für die letzteren sind auch *Kinemorph* bzw. *Kinemorphem*.

gen waren Ausgangspunkt für zahlreiche Filmanalysen in Zusammenarbeit mit Margaret Mead und ihrem Ehemann Gregory Bateson. 1946 bis 1956 erforschte Birdwhistell zusätzlich die Körpersprache anderer regionalen Menschengruppen, mit dem Ergebnis, dass es Unterschiede in der Effektivität der Informationsübermittlung zwischen ihnen gab, was er auf ihre außersprachlichen Fähigkeiten zurückführte. Aufgrund seiner Beobachtungen wurde er zu einem überzeugten Vertreter der kulturrelativistischen Theorie, die besagt, dass außersprachliche Ausdrucksformen stark von den kulturellen Hintergründen abhängen. Während der 50er Jahre nahm er an zahlreichen interdisziplinären Kollaborationen teil und lehrte ab 1956 an der University of New York in Buffalo. Er war überzeugt davon, dass Filme in der Erforschung der Körpersprache das wichtigste Mittel seien. Des Weiteren arbeitete er als Gastredner bis er 1988 in Rente ging, und beeinflusste so eine neue Generation von Studenten.

Im Vergleich mit seinen Kollegen sei Birdwhistell sehr theoretisch orientiert gewesen. 1952 hat er seine *Introduction to Kinesics* veröffentlicht, in dem er neben den oben genannten Begriffen auch ein Notationssystem einführte (siehe Abschnitt 5.1 ab S. 69), um die Einheiten kinetischer Kommunikation darstellen zu können.

Literatur
Birdwhistell, Ray L. (1952). *Introduction to kinesics. An annotation system for analysis of body motion and gesture.* Louisville: University of Louisville
Birdwhistell, Ray L. (1970). *Kinesics and context: Essays on body motion communication.* University of Pennsylvania Press
Harold, Ellen und Tobin, Susan. *Ray Birdwhistell.* URL: http://www.culturalequity.org/alanlomax/ce_alanlomax_profile_birdwhistell.php

Von Elisabeth Schmidt.

4.6
William Condon und William Ogston

Die Wissenschaftler William Condon und William Ogston analysierten in den 1960er Jahren Ton- und Videoaufnahmen von Gesprächen zwischen normalen Sprechern. Sie annotierten bis zu 48 Zeitrahmen pro Sekunde mit Informationen zu Phonetik und Bewegungen verschiedener Körperteile anhand eines handschriftlichen tabellarischen Notationssystems (siehe Abschnitt 5.1 ab S. 69). Dies war die erste derart genaue Untersuchung auf dem Gebiet der Gestenforschung. Sie stützte sich auf die Vorarbeit von Birdwhistell. Es zeigte sich dabei eine Parallelität von sprachlichem und gestischem Rhythmus. Die Autoren annotierten in jedem Zeitrahmen für Sprecher und Hörer die Bewegungen von Kopf, Augen, -brauen, Mund, Rumpf, Schultern, Ellenbogen, Handgelenken und Händen (rechts und links, einzelne Finger). Sie benutzen dabei Abkürzungen wie »D« für *down* (abwärts), »L« für *left* (links) oder »sli« für *slides* (gleitet). Außerdem annotieren sie jeweils die Worte und Phone, auch in Hinblick auf ihre Tonhöhe.

Problematisch war für Condon und Ogston zunächst eine Unterteilung der Bewegungen in Einheiten. Für jeden Zeitrahmen beschrieben sie nun also einen Vorgang, der ein Körperteil beschreiben konnte. Es stellte sich heraus, dass sich die Bewegungen im Rahmen der einzelnen Wörter abspielten. Wo also eine linguistisch bedeutsame Grenze war, begann oder endete auch eine Bewegung. Ähnlich wie Kraus (1926) nahmen die beiden demnach also kein begrenztes Set an Bewegungen an. Stattdessen deklarierten sie, dass sich der gestische Rhythmus eines Sprechers seiner Sprache anpasst: »Thus the body of the speaker dances in time with his speech« (Condon und Ogston, 1966, S. 338).

In den aufgenommenen Gesprächen ließ sich außerdem feststellen, dass nicht nur die Bewegungen des Sprechers mit einzelnen Wörtern zusammen zu fallen scheinen (*self-synchrony*). Auch der Hörer verändert offenbar seine Gestik im gleichen Rhythmus dazu (*interactional synchrony*). In ihrer weiteren Analyse zeigten Condon und Ogston auch, dass dies für mehrere Hörer eines Sprechers gilt.

Literatur

Condon, William S. und Ogston, William D. (1966). »Sound film analysis of normal and pathological behavior patterns.« In: *The Journal of nervous and mental disease* 143.4, S. 338–47

Condon, William S. und Ogston, William D. (1967). »A segmentation of behavior«. In: *Journal of Psychiatric Research* 5.3, S. 221–235

Kendon, Adam (1980). »Gesticulation and Speech. Two Aspects of the Process of Utterance«. In: *The Relationship of Verbal and Nonverbal Communication*. Hrsg. von Ritchie Key, Mary. Berlin/Boston: De Gruyter Mouton, S. 207–228

Von Miriam Leihs.

4.7

Adam Kendon

Nach Adam Kendon besteht zwischen Sprache und Gestik eine so enge Beziehung und Verbindung, dass nicht festgestellt werden kann, was wovon abhängt: »Speech and movement appear together, as manifestations of the same process of utterance« (ebd., S. 208). Kendon legt deshalb seinen Fokus auf die Phrasenstruktur von Gesten im Vergleich zu der von gesprochener Sprache.

Für diesen Vergleich muss zunächst die gesprochene Sprache in Einheiten unterteilt werden. Die kleinsten Einheiten sind die *tone units* (im Folgenden »tonale Einheiten« genannt), die sich auf vier weiteren Ebenen organisieren. Tonale Einheiten gruppieren sich zunächst zu Lokutionen (*locutions*), welche oft äquivalent zu einzelnen Sätzen sind. Lokutionen schließen sich wiederum zu Lokutionsgruppen (*locution groups*) zusammen, die sich wiederum in Lokutionsclustern (*locution clusters*) organisieren. Die Lokutionscluster entsprechen (vereinfacht dargestellt) Absätzen in Texten. Lokutionscluster lassen sich durch eine Pause, Veränderungen in der Stimmqualität, in der Lautstärke, dem Pitch und durch eine Verschiebung des Themas voneinander abgrenzen (vgl. ebd., S. 210).

Analog zur Sprache werden auch die Gesten in verschiedene Einheiten und Phasen unterteilt. Bei einer *Geste* bewegt sich die Gliedmaße in einer auslenkenden Bewegung vom Körper weg und nimmt anschließend eine Ruheposition ein. Diese Spanne wird als Gesteneinheit (*gesticular unit*) bezeichnet. Innerhalb dieser Gesteneinheit finden eine oder mehrere *phrases of gesticulation* (oder auch *G-Phrases*) statt. Innerhalb der G-Phrase verläuft die auslenkende Bewegung mit unterschiedlich starker Intensität. Ein Gipfel an Intensität, also eine akzentuierte Bewegung, bildet den sogenannten *stroke* der G-Phrase. Dieser ist der Kern der Geste und trägt die Bedeutung. In der Regel geht dem *stroke* eine Vorbereitungsphase (*preparatory phase*) voraus, in der sich die Gliedmaße von der Ruheposition an die Stelle bewegt, an der der Stroke beginnt. Auf den Stroke folgt eine Erholungsphase (*recovery*), in der die Gliedmaße entweder in die Ruheposition zurückgeführt wird oder sie sich für den nächsten Stroke bereit macht (vgl. ebd., S. 212).

Durch die Betrachtung des Zusammenspiels der gestischen und sprachlichen Phasen lässt sich erkennen, dass die G-Phrase bereits vor ihrer entsprechenden sprachlichen Phrase mit der Vorbereitungsphase des *stroke* einsetzt. Dabei beginnt sie deutlich vor dem Onset des Kopfs der sprachlichen Phrase und findet somit gleichzeitig mit oder vor der entsprechenden tonalen Einheit statt. Auch der Stroke der Geste setzt bereits vor dem Kern der entsprechenden Tone Unit ein, maximal zeitgleich mit dem Onset des sprachlichen Pendants. Folglich muss die Planung und Organisation der G-Phrase bereits vor der der sprachlichen Phrase erfolgen (vgl. ebd., S. 218 f.).

Literatur

Kendon, Adam (1980). »Gesticulation and Speech. Two Aspects of the Process of Utterance«. In: *The Relationship of Verbal and Nonverbal Communication.* Hrsg. von Ritchie Key, Mary. Berlin/Boston: De Gruyter Mouton, S. 207–228

Von Lisa Mannagottera.

4.8

David McNeill

David McNeill (⋆ 1933) führt Beobachtungen von Kendon (1988) hinsichtlich der Abgrenzung spontaner Gesten zu anderen Gestikvarianten in seinem Werk *Hand and mind* (McNeill, 1992) weiter aus und prägt hierbei auch den Begriff von *Kendon's continuum*. Dieses Kontinuum modelliert den Verlauf zwischen spontanem Gestikulieren und formal beschreibbaren Gebärdensprachen anhand mehrerer Dimensionen, die sich im Verlauf des Kontinuums (das sich zwischen dem linken Pol »spontane Gesten« und dem rechten Pol »vollwertige Gebärdensprachen« aufspannt) graduell verändern (vgl. Abbildung 4.1). Es sind dies:

1. Sprache ist auf der linken Seite des Kontinuums obligatorisch vorhanden, auf der rechten Seite ist sie völlig optional.

2. Umgekehrt besitzen Gesten auf der linken Seite (fast) keine Eigenschaften von Sprache, auf der rechten Seite hingegen in sehr hohem Maße.

3. Schließlich sind Gesten auf der linken Seite hochgradig idiosynkratisch, auf der rechten Seite jedoch sozial reguliert.

McNeill verortet fünf Klassen von Gesten (im allgemeineren Sinne) auf diesem Kontinuum, wobei für zwei dieser Klassen keine strenge Anordnung zueinander postuliert wird:

4.8. David McNeill

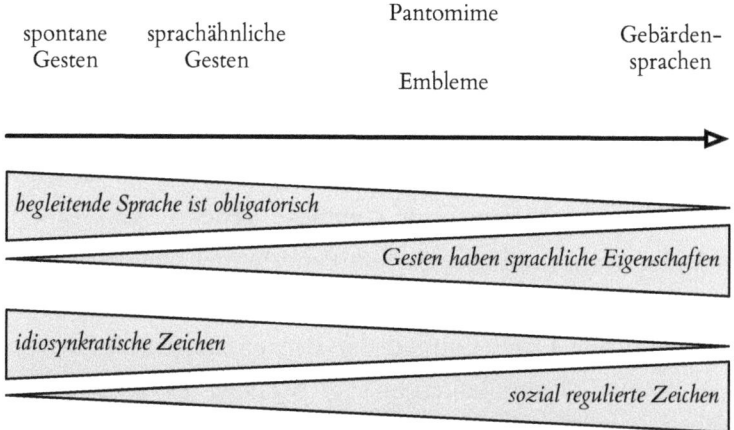

Abbildung 4.1: *Kendon's continuum* verschiedener Klassen von Gesten und Gebärden nach den Beschreibungen in McNeill (1992, S. 37–40).

Spontane sprachbegleitende Gesten (engl. *gesticulation*) entsprechen dem Typus von Gesten, wie sie bisher auch in diesem Buch verwendet wurden. Sie stellen das eine Extrem des Kontinuums dar und zeichnen sich dadurch aus, dass sie selbst (laut McNeill) kaum sprachliche Struktur aufweisen, in der Regel immer parallel zu Sprache produziert werden und hochgradig idiosynkratisch (also mit großen Unterschieden zwischen einzelnen Sprechern) konzipiert sind.

Sprachähnliche Gesten (engl. *language-like gestures*) entsprechen größtenteils dem ersten Typus. Der auffälligste Unterschied ist, dass diese Gesten eigenständige sprachliche Elemente sind – sie nehmen oft Positionen innerhalb einer (gesprochenen) Äußerung ein, an denen aus verschiedenen Gründen kein lexikalisches Element produziert werden kann oder soll. Beispielsweise kann eine Geste, die an der letzten Position der Äußerung »Die Klausur war ☐« (also anstelle von ☐) produziert wird, Missfallen oder Verwunderung über die geschriebene Klausur ausdrücken und somit beispielsweise statt eines prädikativen Adjektivs verwendet werden.

Pantomimische Gesten haben bei McNeill die besondere Eigenschaft der Sequenzialität, die für ihn bei spontanen Gesten nicht gegeben ist. Pantomimische Gesten können zeitlich hintereinander angeordnet werden und erhalten somit komplexe Bedeutungen – man denke beispielsweise an die klassischen Pantomime-Szenen der Flucht aus einer verschlossenen Kiste, bei der räumlich präzise mit den Händen bewirkte Darstellungen der Begrenzungen der Box zu einer gelungenen Illusion beitragen (vgl. McNeill, 1992, S. 37).

Embleme sind bei McNeill kulturell oder sozial entstandene Zeichen mit relativ arbiträrer Bedeutungsbeziehung. Auch seien für Embleme Wohlgeformtheitsbedingungen benennbar, anhand derer man bestimmen könne, ob ein Zeichen richtig oder falsch produziert worden sei (vgl. ebd., S. 37 f.).

Gebärdensprachen schließlich stellen bei McNeill eine Klasse am anderen Extrem des Kontinuums dar. Sie sind vollwertige Sprachen und erfüllen daher die entsprechenden drei Kriterien der Fakultativität von Sprache, der vorhandenen sprachlichen Strukturen und der sozial regulierten Bedeutungen (hierzu siehe auch Abschnitt 3.4).

Wichtig und neuartig an McNeills Darstellung ist, dass es sich tatsächlich um ein Kontinuum handelt, das explizit auch Mischformen an allen Positionen erlaubt. Dies steht im Gegensatz zu vielen vorherigen Theorien und Ansätzen, die oft völlig disjunkte und unvereinbare Klassen von Gesten (etwa zwischen bildlichen Darstellungen vs. Emblemen) beschrieben haben.

Literatur

Kendon, Adam (1980). »Gesticulation and Speech. Two Aspects of the Process of Utterance«. In: *The Relationship of Verbal and Nonverbal Communication*. Hrsg. von Ritchie Key, Mary. Berlin/Boston: De Gruyter Mouton, S. 207–228

4.8. David McNeill

Kendon, Adam (1988). »How gestures can become like words«. In: *Cross-Cultural Perspectives in Nonverbal Communication.* Toronto: Hogrefe, S. 131–141

McNeill, David (1992). *Hand and mind.* Chicago: University of Chicago Press

Von Peter Menke.

In dem Abschnitt »Images, Inside and Out« aus seiner Monographie *Hand and mind* geht David McNeill der Frage nach, auf welche Art menschliche Gedanken in Gesten umgesetzt warden. Dazu will er ein Konzept aufstellen, das als Grundgerüst zur weiteren Betrachtung des Wechselspiels zwischen Geste und Sprache fungiert.

McNeill lehnt die traditionelle Idee einer Körpersprache, die getrennt vom Auditiven vermittelt, ab. Vielmehr sind Geste und Sprache ein System, das in Einklang arbeitet und arbeiten muss, um Bedeutung auszudrücken. Hier soll kurz dargestellt werden, zwischen welchen Typen von Gesten McNeill unterscheidet und was diese verschiedenen Gesten ausmacht.

McNeills System unterscheidet ikonische, metaphorische und deiktische Gesten, weiterhin sogenannte *beats*.

Ikonische Gesten sind am Leichtesten intuitiv zu verstehen. Sie bilden das, was sie referieren, unter Zuhilfenahme einer Ähnlichkeitsbeziehung ab. Eine ikonische Geste wäre zum Beispiel das Nachahmen der Bewegung eines Lenkrades, wenn über Autofahren gesprochen wird.

Metaphorische Gesten ähneln den ikonischen Gesten. Beide bilden etwas ab, haben ergo bildhaften Charakter. Wo ikonische Gesten jedoch spezifisch auf ein Objekt eingehen, bezeichnen metaphorische Gesten ein abstraktes Konzept. Ein Beispiel wäre, wenn Tiefsinnigkeit in einer Unterhaltung durch eine entsprechende tiefe Geste, das Senken der ausgestreckten Hand, dargestellt wird.

Deiktische Gesten sind auch bekannt als Zeigegesten. Sie referieren auf etwas, und weisen auf dieses hin. Im Fall des ausgestreckten Fingers kann man, sollte man vermuten, der Richtung des Fingers folgen und erkennen, was gemeint ist. Komplexer wird dies dadurch, dass Zeigegesten auch abstrakt sein können.

Beats sind Taktstockgesten. Sie zeigen Rhythmus und Betonung an oder ersetzen diese ganz oder teilweise durch ihr Vorkommen an gezielten Stellen einer Äußerung, enthalten selbst jedoch keine Bedeutung. Ihre Funktion besteht darin, Rückschlüsse auf die Bedeutung einzelner Stellen zuzulassen, die der Produzent der Gesten betont oder unbetont lässt.

Dieser kurze Überblick über die mögliche Charakterisierung von Gesten nach McNeill erhebt nicht den Anspruch von Ausführlichkeit, sondern soll vielmehr das Interesse an der weiteren Auseinandersetzung wecken, sowohl mit den Texten in diesem Buch als auch den verwendeten Quellen.

Literatur
McNeill, David (1992). *Hand and mind*. Chicago: University of Chicago Press

Von Rick Davids.

4.9

Cornelia Müller

Vor allem im letzten Jahrhundert entwickelte sich die Gestikforschung auf vielen verschiedenen Betrachtungsebenen: Es wurden neue Aspekte, Fragestellungen, Kriterien und Perspektiven in die Gestikbetrachtung miteinbezogen. Dies führte dazu, dass man begann, Gesten nach verschiedenen Kriterien zu unterscheiden und in diverse Klassifikationsrahmen einzuordnen. Demzufolge entfalteten sich Ansätze, die sich zum Ziel gesetzt haben, die Gesten nach ihren Funktionen zu klassifizieren. So eine Einteilung wurde z. B. von Cornelia Müller (⋆ 1960) ausführlicher ausgearbeitet. In der Unterscheidung Müllers stehen die Zwecke, also die verschiedenen *Mitteilungsfunktionen* von Gesten, im Mittelpunkt. Angesichts dieser Unterscheidung kann man über drei Gestentypen sprechen, die im Folgenden kurz erläutert werden.

Referentielle Gesten. Gesten dieser Art erfüllen den Zweck auf Konkreta oder Abstrakta zu referieren, z.B. Gegenstände, Eigenschaften, relative Orts- und Zeitangaben, Handlungen und Sachverhalte zu bezeichnen und darzustellen (vgl. C. Müller, 1998, S. 110 f.). Müller erklärt, wie Gesten Abstrakta bezeichnen können, am Bespiel der außersprachlichen Realisierungsform einer konzeptuellen Metapher. Die Darstellung eines (metaphorischen) Theorierahmens erfolgt nämlich genauso wie die eines konkreten Bilderrahmens. In bestimmten Kontexten kann dieselbe Geste also metaphorisch motiviert sein und sich dadurch nicht mehr auf Konkreta sondern Abstrakta beziehen.

Performative Gesten. Performative Gesten hängen mit der jeweiligen Rede sehr eng zusammen und erfüllen die Funktion, Sprachhandlungen darzustellen. Sprechakte wie das Bitten, Schwören, Abwehren können nach Müller oft auch allein mit Hilfe performativer Gesten durchgeführt werden (Siehe dazu ebd., S. 111 f.).

Diskursive Gesten. Diskursive Gesten dienen dazu, den Sprechrhythmus auf verschiedene Art und Weise zu markieren und bestimmte Äußerungen während der Rede in einem neuen Licht erscheinen zu lassen. Müller stellt drei Beispiele ausführlich dar, die hervorhebenden, verbindenden, oder sogar gliedernden Charakter aufweisen können.[17]

---

[17] Hervorhebende Gesten sind z.B. Taktstockgesten; verbindende Gesten sind bspw. Gesten, die eine beliebige, vorhin bereits angeführte Geste in der jeweiligen Situation wiederaufnehmen; als gliedernde Gesten sind z.B. Zählgesten zu betrachten, die die Funktion erfüllen, der Rede Gliederungssignale zuzuweisen. (siehe C. Müller, 1998, S. 112)

Literatur

Müller, Cornelia (1998). *Redebegleitende Gesten. Kulturgeschichte, Theorie, Sprachvergleich*. Berlin: Spitz

Von Emese Bodnár.

Neben der funktionellen Klassifikation von Gesten stellt Cornelia Müller auch verschiedene gestische Darstellungsweisen vor, die in gewisser Hinsicht eine feinere Unterteilung der von früheren Autoren vorgeschlagenen allgemeinen Kategorien darstellender Gesten (wie etwa McNeills ikonischer Gesten) liefern. Müller unterscheidet hierbei vier verschiedene Darstellungsweisen, welche folgend genannt und beschrieben werden:

Die Hand agiert. Hierbei steht die Hand selbst im Handlungsvollzug. Die Hand wird benutzt, um eine Handlung an sich noch einmal nachzuvollziehen und deren Gegenstände zu verbildlichen:

> Die dargestellten Handlungen werden in Ausschnitte pantomimisch nachvollzogen. Beispiele gestischer Nachahmung von Handlungen mit imaginierten Gegenständen sind das Halten und Bewegen eines Lenkrads, das Ziehen an einer Revolverschaltung[...]. *C. Müller (ebd., S. 115)*

Es sind Handlungen, welche die Hände auch tatsächlich ausführen könnten (vgl. ebd., S. 114 f.).

Die Hand modelliert. Bei dieser Repräsentationstechnik verhält sich die Hand, als würde sie dreidimensionale Formen nachfahren:

> [E]in Objekt oder Verlauf eines Geschehnisses [wird] dadurch dargestellt, dass die Hände es in der Luft nachmodellieren.[...] Sie werden ähnlich verwendet, wie Bildhauer ihre Hände beim Modellieren von Skulpturen aus Ton oder Gips gebrauchen. Sprecher nutzen die Luft als Gestaltungsmedium, sie erschaffen flüchtige Skulpturen *C. Müller (ebd., S. 117)*.

Als Beispiel nennt Müller das Modellieren eines Schiffsrumpfs (vgl. ebd.).

Die Hand zeichnet. Hierbei wird die Hand so genutzt, als würde sie zweidimensional

> den Umriss von Objekten oder den Bewegungsverlauf eines Ereignisses [nachzeichnen]. De gestreckte Zeigefinger oder auch die ganze Hand repräsentiert den Zeichenstift, mit dem Konturen von Objekten – etwa eines Bilderrahmens der eines Zettels – und Objektlinien – etwa Wegverläufe – in die Luft oder auf die Tischoberfläche gezeichnet werden. *C. Müller (ebd., S. 118)*

Die Hand repräsentiert. Beim Repräsentieren wird das Objekt als Ganzes dargestellt: »Die Hände schlüpfen in es hinein und stellen die Ereignisse, die ihm widerfahren, aus seiner Perspektive dar.[…] Die gestikulierenden Hände verwandeln sich in eine Skulptur.« (ebd., S. 119 f.) Als Beispiel wird das Umfallen eines Baumes genannt.

Literatur

Müller, Cornelia (1998). *Redebegleitende Gesten. Kulturgeschichte, Theorie, Sprachvergleich*. Berlin: Spitz

Von Jennifer Schulte-Tickmann.

KAPITEL 5

Analyse multimodaler Interaktionen

Dieses Kapitel betrachtet multimodale Interaktionen nun aus der Perspektive ihrer praktischen Erforschung. Es wird vorgestellt, welche Lösungen vorgeschlagen wurden, um multimodale Phänomene festzuhalten und zu notieren, und eine beispielhafte Analyse eines Ausschnittes einer Unterhaltungssendung (die auf der Basis einer einzelnen Seminarsitzung entstanden ist und daher nicht so in die Tiefe gehen kann, wie das Datenmaterial es hergibt, die aber dennoch in vielen Punkten treffsicher einzelne Phänomene multimodaler Kommunikation offenzulegen vermag) zeigt, wie einzelne Modalitäten miteinander interagieren können.

5.1
Notationssysteme

Dieses Kapitel soll einen groben Einblick zu früheren Notationssystemen geben. Im Fokus stehen hierbei einerseits der von Birdwhistell vorgeschlagene Kinegraph und andererseits die tabellarischen Notationssysteme sowohl von Condon und Ogston als auch von Kendon. Abschließend soll eine Verknüpfung mit moderneren Notationssystemen hergestellt und mögliche Prinzipien, die heutzutage weiterhin gelten, aufgezeigt werden. Bevor die einzelnen Notationssysteme jedoch genauer beschrieben werden, muss zunächst grundlegend herausgestellt werden, was diese Methode genau bedeutet.

Notationssysteme werden in der empirischen Forschung genutzt. So erforscht beispielsweise Adam Kendon in seinen Studien um 1970, dass die Organisation und Anordnung gestischer Bewegungen eines Sprechers in relevantem Zusammenhang mit seinen simultan getätigten Äußerungen stehen. Da die zu erforschenden gestischen Bewegungen jedoch sehr komplex erscheinen – z. B. werden Hände und Arme, der Kopf, aber auch Augen und Augenbrauen genutzt (vgl. Kendon, 1980, S. 207 f.) – ist es hinsichtlich einer wissenschaftlichen Betrachtung erforderlich, diese Komplexität zwischen mündlicher und gestischer Kommunikation in all ihren Feinheiten und Abfolgen graphisch zu beschreiben. Hierbei dienen je nach technischem Stand vor allem Ton- und Videoaufnahmen der Versuchspersonen dazu, möglichst genau und kleinschrittig die Gesten (oder andere Modalitäten) in ein Notationssystem zu veranschaulichen und zu fixieren. Hinsichtlich heutiger technischer Standards kann dabei die Frage aufgeworfen werden, auf welcher Basis Notationssysteme in früheren Jahren erstellt wurden und wie sie dementsprechend aufgebaut waren.

Ray Birdwhistell entwickelte in seiner *Introduction to Kinesics* (1952) eine neue Terminologie, die der strukturellen Linguistik entstammt. So führte er den Begriff der *Kineme* (analog zum Phonem) ein, um eine Bewegungseinheit wie z.B. Winken zu umschreiben (vgl. Birdwhistell, 1952, S. 115). Außerdem führte er Kinemorphe und Kinemorpheme als übergeordnete, den Morphen und Morphemen entsprechende Einheiten ein (vgl. ebd.) und bettete die zu beschreibenden Bewegungen und Gesten in ein selbst entwickeltes Notationssystem ein, das er *Kinegraph* nannte.

> His focus was on what was being communicated outside and in addition to the formal system of signs through posture, angle of the limbs, trunk, head, and neck, and of facial parts such as eyebrows and lids. *Harold und Tobin (o.D.)*

Betrachtet man Birdwhistells Kinegraphen, ist festzustellen, dass Birdwhistell sehr kleinschrittig zwischen unterschiedlichen Bewegungen verschiedener Körperteile differenziert und diese beobachtbaren Unterschiede dann graphisch festhält. Es werden also im Kinegraphen Kineme fokussiert, die in unterschiedlichen körperlichen Kategorien aufgegliedert werden können – u. A. in Gesicht, Arme, Hand und Finger, Beine, Füße (z. B. gehend vs. stehend) oder Hals. Beispielsweise steht unter der Kategeorie ›Gesicht‹ das Annotationssymbol zwei nebeneinanderstehender Kreise für das Kinem *wide eyed*. Gesten-Forscher können somit auf die Symbole des Kinegraphen zurückgreifen und ihre Daten mithilfe dieser Annotationskonventionen graphisch beschreiben.

Condon und Ogston forschen u. A. auf Basis von Birdwhistells Studien. Dabei untersuchten sie Zusammenhänge zwischen mündlicher Kommunikation und körperlichen Bewegungsmustern. »Condon's work has been conducted at very fine levels of organization. He has examined the synchrony of bodily movement with speech at the verbal, syllabic and phonic levels of the organization of speech.« (Kendon, 1980, S. 210). Condon und Ogston fokussieren dabei sowohl den Zusammenhang zwischen Gestik und Äußerungen als auch die komplexe Gesamtheit der zu untersuchenden Interaktion (was macht beispielsweise der Empfänger, während der Sender Äußerungen und Gesten tätigt?). Hierzu erhoben die beiden Forscher Datenmaterialien in Form von Ton- und Bildaufnahmen (48 Bilder pro Sekunde) und scannten diese intensiv:

> Each frame of the film was numbered for ready identification and to

> enable speech to be segmented and transcribed accurate to a frame
> [...] by means of a film-sound reader. This provided a common basis
> for a comparison of speech and body motion patterns.
>
> *Condon und Ogston (1966, S. 338)*

Schaut man sich also einen Ausschnitt aus dem Notationssystem von Condon und Ogston an, erkennt man in der Kopfzeile dieses tabellarischen Diagramms die Unterteilung in *frames*. Die Länge der aneinandergereihten *frames* (oder Einzelbilder) richtet sich nach dem geäußerten Wort, welches in phonetischer Transkription über dem Diagramm steht. Für jedes Einzelbild sind in den darunterliegenden Zeilen dann tabellarisch die verschiedenen Körperbereiche aufgelistet. So können mithilfe von Kürzeln die zu beobachtenden Bewegungen in die entsprechende Zeile eingetragen werden. Auf Basis dieses Notationssystems können so auf mikroanalytischer Ebene die Gesten und Bewegungen der Versuchspersonen ausgewertet werden, wie in dem folgenden Beispiel: »Over the [...] three frames the mouth is closing with the upper lip moving back slightly while the lower lip moves back and up [...]« (ebd., S. 340). Wie also deutlich zu sehen ist, orientiert sich das Notationssystem an der sequenziellen Annotation, sodass jede Bewegung Bild für Bild graphisch festgehalten werden kann.

Die tabellarischen Diagramme von Kendon, die einige Jahre später in seinen Studien auftraten, bauen auf der Idee des Notationssystems von Condon und Ogston auf: »A detailed map may be made of the movement patterns observable, which can be plotted on a chart to show their development in time to the nearest frame.« (Kendon, 1980, S. 209). Ebenso fügte Kendon dem Diagramm eine phonetische Transkriptionszeile für den simultan laufenden Redebeitrag hinzu. So konnten ebenfalls die Zusammenhänge zwischen Gesten und der mündlichen Kommunikation überprüft werden. Kendon analysierte dabei die aufgenommenen Beispiele auf einem 16mm Film (Bild- und Tonaufnahme). Hierbei war eine genauere Überprüfung des Datenmaterials gewährleistet, da mithilfe eines handbetriebenen

Analysators die Aufnahmen Bild für Bild und sogar in Zeitlupe überprüft werden konnten. Betrachtet man also nun einen exemplarischen Ausschnitt des Notationssystems aus Kendons Studien, sind – anders als bei Condon und Ogston – zunächst die körperlichen Bewegungen der Versuchsperson in *gesture units* unterteilt. Fokussiert man nun eine Gesteneinheit (diese kann mehrere Sekunden dauern), wird in Kendons Notationssystem besonders der Zusammenhang zwischen den Gesteneinheiten und den Äußerungseinheiten sichtbar. Während die phonetische Transkription (hierbei ist die Intonation ebenfalls annotiert) in der obersten Zeile steht, gliedern sich darunter die verschiedenen Komponenten einer Gesteneinheit (u. A. *phrase*, *preparation*, *stroke* oder *hold*) auf. So kann z. B. genau nachvollzogen werden, an welcher inhaltlichen Äußerungseinheit der Sprecher den *stroke*, also den bedeutendsten Teil innerhalb der Gesteneinheit, tätigt. Mithilfe dieses Diagramms können dann in einer darauf aufbauenden Analyse genaue Kongruenzen zwischen Gesten- und Äußerungseinheiten bestimmt und mikroanalytisch untersucht werden.

Abschließend betrachtet kann festgestellt werden, dass die hier vorgestellten Notationssysteme im Vergleich zu modernen (An-)Notationswerkzeugen (Computerprogramme wie z. B. EXMARaLDA) auf gleicher Weise förderlich sind. So konnten in damaligen Zeiten je nach Forschungsschwerpunkt ein anderes Notationssystem verwendet werden. Arbeitet man heutzutage mit Notationswerkzeugen, können diese individuell der Forschung angepasst werden: Mithilfe der tabellarischen Funktion können Zeilen mit gestischen Schwerpunkten eingerichtet werden und – ganz nach Condon und Ogston – Sequenz für Sequenz mit transkribierten Redeanteilen verknüpft werden. Das Prinzip der stark sequenziellen, zeitaufwändigen Arbeit auf Mikroebene gilt dabei weiterhin. Ebenso funktionieren sowohl die früheren Notationssysteme als auch moderne Notationswerkzeuge nur auf Basis von Datenmaterialien mit einem gewissen technischen Standard.

Literatur

Birdwhistell, Ray L. (1952). *Introduction to kinesics. An annotation system for analysis of body motion and gesture.* Louisville: University of Louisville

Condon, William S. und Ogston, William D. (1966). »Sound film analysis of normal and pathological behavior patterns.« In: *The Journal of nervous and mental disease* 143.4, S. 338–47

Condon, William S. und Ogston, William D. (1967). »A segmentation of behavior«. In: *Journal of Psychiatric Research* 5.3, S. 221–235

Harold, Ellen und Tobin, Susan. *Ray Birdwhistell.* URL: http://www.culturalequity.org/alanlomax/ce_alanlomax_profile_birdwhistell.php

Kendon, Adam (1980). »Gesticulation and Speech. Two Aspects of the Process of Utterance«. In: *The Relationship of Verbal and Nonverbal Communication.* Hrsg. von Ritchie Key, Mary. Berlin/Boston: De Gruyter Mouton, S. 207–228

Von Justine Kohl.

5.2
Beispielanalyse: »Gestikuliert Daneben«

In diesem Kapitel liegt uns ein Ausschnitt einer Folge der Fernsehsendung »Genial Daneben« als Datenmaterial zugrunde (Folge 54 aus Staffel 3, Erstausstrahlung am 16.09.2005; ein Transkript ist in Abbildung 5.1 auf Seite 76 zu sehen). In diesem Format versucht ein aus Prominenten bestehendes Rateteam, die Bedeutung von bestimmten Begriffen oder die Ursache von besonderen Sachverhalten zu erschließen. Die Themen sind hierbei in der Regel kurios, zweideutig oder missverständlich angelegt, so dass das Team (neben ernsthaften Lösungsversuchen) ausreichend Gelegenheit für komödiantische Vorschläge oder Einlagen hat. Im vorliegenden Ausschnitt (44 Sekunden lang) erklärt der Moderator der Show (Hugo Egon Balder, im Folgenden mit HEB abgekürzt) dem prominenten Rate-Team als unmittelbare Empfänger (darunter u. A. Hella von Sinnen, abgekürzt mit HVS) und ebenfalls dem Publikum, im Studio und vor dem Fernseher, den zu erratenden Begriff ›Kämpferpunkt‹, da das Team nicht innerhalb der vorgegebenen Zeit auf die richtige Lösung kam.

Zunächst beginnt HEB mit der Einleitung seiner Lösung, indem er sagt, der Begriff stamme aus dem Brückenbau. HEB wird jedoch nach kurzer Zeit von HVS aus dem Rateteam unterbrochen, um den Kontext, hier den Aufbau einer Brücke, zu spezifizieren. Nachdem HEB – direkt an HVS gerichtet – die Brückenart (Viadukt) klärt, kehrt der Sprecher zu seiner ursprünglichen Begriffslösung zurück, richtet sich an alle Empfänger und liest die richtige Antwort von einer Karte ab. So sei der Kämpferpunkt der erste Stein eines Brückenpfeilers, der den Brückenbogen tragen muss und somit besonderen Belastungen ausgesetzt ist, gegen die er (bildlich gesprochen) ›kämpft‹. In weiten Teilen des Ausschnitts verwendet HEB in seinen konkreten Beschreibungen verschiedene Gesten, die nun im Folgenden im interaktiven Zusammenhang genauer betrachtet werden sollen.

Erfahrungsbericht
Uns interessierten primär Gesten im Rahmen des Diskurses, speziell in ihrer Funktion bei der Aushandlung des Gesprächsinhaltes. Um hierzu eine konkrete Fragestellung zu entwickeln, sahen wir uns das Video zunächst mehrmals an und diskutierten unsere Beobachtungen. Wir orientierten uns am Begriff der diskursiven Gesten. Direkt fiel uns die Nachfrage von HVS auf. Hier vermuteten wir, dass sich interessante Unterschiede in den Gesten im vorhergehenden und im nachfolgenden Teil finden könnten. Uns wurde allerdings schnell klar, dass es davor zu wenig Material gibt, um HEBs Gesten vor und nach der Nachfrage zu vergleichen. Außerdem entspinnt sich mit der Nachfrage ein Dialog zwischen ihr und HEB, der uns auch interessant erschien.

So entschieden wir, zunächst ein grobes Transkript des Videos anzufertigen: wir notierten die zeitliche Abfolge aller Rede- und Gestenbeiträge,

```
1   HEB:  und ich sage euch auch was es ist es ist ein fachbegriff
2         aus dem BRUECKenbau
3   WBO:  oh
4   HEB:  ja (.) an der stelle an der der BRUECKenbogen
5         auf den senkrechten brueckenpfeiler trifft
6                         <1----------1>
7         stellt euch vor dieser brueckenbogen (.) ne
8         <2---------------------------2>
9         () so brueckenboegen (.) [und
10        <3---------------3>
11  HVS:                           [kann ich mir schon nicht vorstellen
12                                                        <4--------
13        ne BRUECKe (.) wie jetzt
14        ---------------------4>
15  HEB:  ja (.) ne ne [bruecke (.) stelln sich ma vor
16  BHO:               [BRUECKe (.) PFEIler
17                     <5-5>        <6-6>
18  HEB:  stelln sich ma vor ne EIsenbahnbruecke
19                     <7---------------7>
20        oder son viaDUKT zum beispiel        ja
21             <8-------8>
22  HVS:                                [ja]
23  HEB:  da geht dann so oben so geRAde da faehrt da ne BAHN drueber
24        <9-------------------------------------------------------9>
25                       <10----------------------10>
26  HVS:  ja
27  HEB:  und (.) von [der seite] sieht das dann SO [aus
28                  <11-----------------------------11>
29  HVS:              [okay]                        [okay (.) ja
30  HEB:  so []    jetzt ham wir diesen BRUECKenbogen [
31                 <12--------------------------12>
32  HVS:        [mhmh]                                [mhmh
33  HEB:  und da wo dieser bogen auf den brueckenpfeiler TRIFFT
34        <13----------------------------------------------13>
35        kaempft der brueckenpfeiler gegen die riesigen kraefte
36                 <14--------14>         <15------------
37        die auf ihn EINwirken=und DER stein
38        -----------------15>    <16-16>
39        der an dieser STELle sitzt=der ERSte stein des pfeilers
40                     <17-------------------------------------17>
41                                           <18------18>
42        der DIEsen bogen tragen muss
43           <19------19> <20--------
44        das is der sogenannte kaempferpunkt
45        --20>
```

Abbildung 5.1: Vereinfachtes Transkript des untersuchten Ausschnitts »Kämpferpunkt« aus »Genial Daneben«-Sendung (Staffel 3, Folge 54). Das Transkript folgt den GAT-Konventionen, jedoch wurden die Gesten alternativ durch Konstrukte wie <1--1> markiert, wobei die angedeuteten Pfeilspitzen die ungefähren Gestengrenzen und die Zahlen einen durchlaufenden Index darstellen.

die zu sehen und zu hören waren. Diese Arbeit war aufwändig und brachte uns keine Ergebnisse, die dem Aufwand gerecht geworden wären. Also verwarfen wir diesen Ansatz nach etwa zehn Minuten wieder. Problematisch war für uns unter anderem, dass wir durch die für das Fernsehen geschnittene Sendung manche Gesten nicht sehen und zeitlich abgrenzen konnten.

Während des groben Transkripts bestimmten wir die verwendeten Gesten nicht näher, doch nahmen wir die Unterschiede beim mehrmaligen Ansehen als wichtig wahr. Wir versuchten die Unterschiede zu beschreiben (beispielsweise, dass die Gesten feiner werden oder zu Beginn einen höheren Grad an Ikonizität haben als gegen Ende des Ausschnitts). Da HEB auffällig viele Gesten benutzt, stellten wir uns die Frage, ob Sprache und Gesten in unserem Beispiel parallel gesetzt sind. Uns wurde klar, dass im Dialog zwischen HEB und HVS explizit *common ground* ausgehandelt wird, und dass dabei Gesten eingesetzt werden, um räumliche Verhältnisse zu disambiguieren. Im Gegensatz dazu stellten wir an mehreren Stellen im ersten Teil des Videos fest, dass die gestischen Darstellungen und der sprachliche Inhalt sich häufig widersprachen. Die Frage von HVS erschien uns am Anfang erst überflüssig. Als wir jedoch beobachteten, wie widersprüchlich die Gesten waren, wurde uns bewusst, dass offensichtlich Unklarheiten bestanden.

Aufgrund dieser Beobachtung stellten wir nun als eine erste Hypothese auf, dass sich die Gesten von HEB, wenn er mit HVS spricht, von denen unterscheiden, wenn er mit einem größeren Publikum über den vorgefertigten Lösungstext kommuniziert.

Analyse
Mithilfe grundlegender, theoretischer Kenntnisse nähern wir uns im Folgenden auf analytischer Ebene der Gestenforschung an. Dabei soll weniger eine makroanalytische, umfangreiche Ausarbeitung, sondern vielmehr ein

(a) HEB:
»Brückenbogen«-Geste <1, 2, 3>

(b) HVS:
»Brückenbogen«-Geste <4>

(c) BHO:
»Brücke« <5>

(d) BHO:
»Pfeiler«-Geste <6>

Abbildung 5.2: Gestenbeispiele aus dem Ausschnitt »Kämpferpunkt« (1)

erster analytischer Umgang innerhalb eines nicht näher festgelegten Theoriehintergrundes im Fokus stehen. Sowohl eine diskursive Verwendung von Gesten als auch ihre Adressierung spielen in dieser analytischen Betrachtung eine wichtige Rolle.

Bei der Analyse des Abschnittes »Kämpferpunkt« aus Genial Daneben haben wir zunächst drei distinkte Teilabschnitte festgestellt, die sich in den verwendeten Gesten und kommunikativen Zielen von den anderen unterscheiden. Diese sind (mit Angabe der jeweiligen Zeilen im Transkript):

5.2. Beispielanalyse: »Gestikuliert Daneben«

(a) HEB, <9>:
»da geht dann so oben so geRAde«

(b) HEB, <10>:
»da faehrt da ne BAHN drueber«

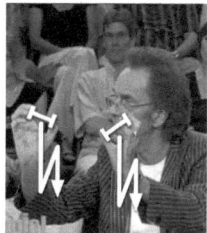

(c) HEB, <11>:
»von der seite sieht das dann SO aus«

(d) HEB, <12>:
»und da wo dieser bogen
auf den brueckenpfeiler«

(e) HEB, <13>, <14>:
»TRIFFT kaempft der
brueckenpfeiler«

Abbildung 5.3: Gestenbeispiele aus dem Ausschnitt »Kämpferpunkt« (2)

1. HEB beginnt, von der Lösungskarte abzulesen (Z. 4–10).

2. HVS stellt eine Rückfrage (Z. 11–14); HEB und Bernhard Hoëcker (BHO) versuchen, das Verständnisproblem zu lösen (Z. 15–32).

3. HEB fährt fort, die Lösung anhand des vorformulierten Kartentextes zu präsentieren (Z. 33 bis Ende).

In dem ersten Teil (siehe Abbildung 5.2) gestikuliert HEB unabhängig von seinen Äußerungen. Vielmehr widerspricht er sich sogar, wenn er einen Brückenbogen anzeigt, während er vom Pfeiler spricht (<1> / Abb. 5.2a)[18]. Auch die Wiederholung der Geste hilft nicht, dies klarer zu machen.

---

[18] Zahlen in spitzen Klammern im Text und in den Abbildungen geben jeweils die entsprechend nummerierte Geste im Transkript wieder.

HVS ahmt in ihrer Rückfrage seine Geste eines Brückenbogens nach, und verdoppelt diesen Bogen, teilt ihn auf (<4> / Abb. 5.2b). BHO versucht, mit einer zweiteiligen Geste die Brücke plastisch darzustellen und somit zu zeigen, was der Gesprächsgegenstand ist (<5, 6> Abb. 5.2c, d). Dabei vertauscht er jedoch, wie zuvor HEB, die Zuordnung der Wörter zu den Gesten – speziell wird die Brücke als senkrechtes Element gestaltet (<5>), der Pfeiler als darauf liegendes, waagerechtes Element (<6>).

Bei der weiteren Beobachtung und einer ersten Analyse stellte sich jedoch heraus, dass man für eine vierte Handlungsphase argumentieren kann, die zwischen der zweiten und dritten zu verorten ist (die wichtigsten Gesten aus dieser Phase sind in Abbildung 5.3 dargestellt). In dieser wendet sich HEB an HVS und erklärt ihr direkt, wie die Brücke aufgebaut ist. Hierbei ist ein interessantes gestisches Phänomen zu beobachten: HEB erschafft mithilfe seiner Gesten einen scheinbaren Zoom in die relevante Szene. Indem HEB im zweiten Teil der gestischen Darstellung damit anfängt, einen *common ground* (entsprechend der gesamten Brücke, die als Kontext fungieren soll) für HVS und für die Zuhörer zu schaffen (er zeichnet mithilfe seines linken Arms und seiner rechten Hand einen geraden Weg, über den ein Zug fährt; <9, 10>, Abb. 5.3a, b), stellt er in einem großen gestischen Raum die Ausgangsszene vor. Daraufhin fokussiert er die Betrachtung dieser Szene von der Seite. Mit den Worten »von der Seite sieht das dann so aus« (<11> / Abb. 5.3c) leitet er das gestische Modellieren vieler aneinandergereihter Brückenbogen ein. Er fokussiert somit den für die Frage relevanten Teil der Brücke.

Nach einer kurzen Pause, in der das Verständnis der Zuhörer gesichert wird, nimmt HEB aus seiner vorherigen gestischen Modellierung einen kleinen Teil heraus, indem er nur noch einen einzigen Brückenbogen einmalig mit seiner Hand in der Luft nachzeichnet. HEB fährt fort und setzt einen noch engeren Fokus auf den Bogen dieser Brücke. Auch hier modelliert er mit beiden Händen den Bogen der Brücke nach (<12> /

5.2. Beispielanalyse: »Gestikuliert Daneben«

Abb. 5.3d). Der Zoom in dieser szenischen Darstellung endet schließlich in den abschließend gestisch modellierten Steinen, den »Kämpferpunkten«, die sich direkt unter dem Bogen befinden (<14> / Abb. 5.3e). Dabei stellt HEB die Steine des Bogens sehr abstrakt dar und nutzt seine Hände nun eher, um *beats* anzuzeigen, um Betonungen zu kreieren. Seine Gesten werden weniger bildlich und funktionieren eher auf der Ebene, seine Rede zu organisieren, bis zu dem Punkt, an dem er von dem Stein redet, der der Kämpferpunkt ist: Diesen modelliert er dann als Stein und fixiert ihn für alle. Diese Geste ist eine der wenigen, die er hauptsächlich mit seinen Händen durchführt, während die anderen mit den gesamten Armen durchgeführt werden. Zum Abschluss wiederholt HEB die Geste vom Anfang und schlägt somit den Bogen – sowohl den Brückenbogen als auch den Bogen seines diskursiven, gestischen Auftretens.

Im letzten Abschnitt spricht HEB das Publikum (sowohl live als auch am Fernseher) an. Dies ist ein weiteres Ergebnis, nämlich, dass die Situation, in der die Gesten stattfinden, eben keine übliche ist. HEB sitzt umgeben von fünf Comedians, er hat ein (physisch anwesendes) Studiopublikum um sich herum, und er konzipiert seine Beiträge darüberhinaus noch für ein Fernsehpublikum. Das Fernsehen als visuelles Medium regt auch zu Gesten an (dies lässt sich zumindest vermuten). Diese Gesten müssen nun wiederum groß ausfallen, um möglichst allen Empfängern zugänglich zu sein, oder auch, um als Teil darstellerisch-humoristischer Redebeiträge zu fungieren.

IM RAHMEN UNSERER Analyse lassen sich Unterschiede ausmachen, die sich auf das Gestikulieren HEBs gegenüber einer einzelnen Gesprächspartnerin bzw. einem großen Publikum beziehen. Auch wenn wir nun nicht auf die räumliche Ausdehnung der Gesten eingegangen sind, ist doch zu bemerken, dass das besprochene Thema im Dialog stärker fokussiert ist.

Von Rick Davids, Justine Kohl, Miriam Leihs.

KAPITEL 6

Multimodalität im Blickpunkt anderer Disziplinen

In diesem letzten Kapitel wagen wir sozusagen einen Blick über den Tellerrand und nehmen jeweils die Perspektive einiger ausgewählter Nachbardisziplinen der Linguistik[19] ein, um ein konkretes Phänomen zu untersuchen, oder um einfach die Perspektive selbst kurz darzustellen.

6.1

Psycholinguistik: Kombination von Gestik und Sprache

Geht man von der Grundannahme aus, dass Gesten sprachbegleitend auftreten und zudem selbst auch *darstellen* (also Bedeutung übermitteln, wie es auf ikonische und deiktische Gesten, auf Embleme und Pantomime zutrifft), so kann man annehmen, dass die Produktion von Gestik und Sprache eng

---

[19] Darunter fassen wir auch die sogenannten *Bindestrichlinguistiken*, also spezialisierte Unterdisziplinen der Linguistik, die bereits mit dem Auge einer anderen Disziplin auf unseren Untersuchungsgegenstand schauen – so wie etwa die Psycholinguistik oder die Soziolinguistik.

miteinander verknüpft sein müsste. Das Sketch-Modell von de Ruiter (1998) wurde demzufolge auf der Basis des bereits bestehenden Sprachproduktionsmodells von Levelt (1989) konstruiert bzw. erweitert das Modell der Sprachproduktion, mit zusätzlichen Komponenten für die Generierung von Gesten. Es wird demzufolge angenommen, dass auch Gesten einer Kommunikationsabsicht unterliegen und somit den gleichen Stellenwert wie Sprache haben (vgl. de Ruiter, 1998, S. 9 ff.).

Der Prozess der Sprachproduktion gliedert sich in Levelts Modell in verschiedene Teilschritte, die unabhängig voneinander arbeiten. Es ist also ein serielles und autonomes Modell. Zuerst wird im Konzeptualisierer, welcher Zugriff auf das Langzeitgedächtnis hat, eine vorsprachliche Fassung der späteren Äußerung erstellt - die Message. Der zweite Schritt besteht aus einer grammatischen und phonologischen Enkodierung der Message. Dies geschieht im Formulator, welcher zuerst semantische und syntaktische Merkmale vom Lexikon abruft und eine Oberflächenstruktur erstellt. Daraufhin wird ein phonologischen Plan für die einzelnen Lemmas, sowie für die ganze Äußerung auf Grundlage der Oberflächenstruktur konzipiert. Anschließend wird für den erstellten phonologischen Plan im Artikulator eine Sequenz von neuromuskulären Anweisungen erzeugt. Der Prozess der Sprachproduktion endet daraufhin mit einen Sprechsignal (vgl. ebd., S. 10).

Die Einbettung der Gestenproduktion in das Sprachproduktionsmodell erfolgt folgendermaßen: Im Sketch-Modell kann der Konzeptualisierer Informationen auf beide Modalitäten verteilen und ist verantwortlich für die Initiierung von Gesten. Durch das Splitting der Kommunikationsabsicht in eine präverbale Message, sowie in einen Sketch wird das Kommunikationspotential erhöht. Information die sich mit verbaler Sprache nur schwierig äußern lässt, kann daraufhin mit einer Geste übermittelt werden Der sogenannte Sketch wird parallel zur präverbalen Message im Konzeptualisierer konstruiert. Dies erfolgt z.B. bei ikonischen Gesten unter Abrufen von räumlichen und zeitlichen Informationen des Arbeitsgedächtnisses für die bildliche Darstellung. Bei Emblemen, die keine bildliche Übertragung darstellen, sondern auf Konventionen beruhen, kann der Konzeptualiserer auf das Gestuary zugreifen. Das Gestuary enthält Schablonen für bestimmte Gestentypen. Ist eine Schablone für die emblematische Darstellung gespeichert, fließt diese Information mit in den Sketch (vgl. ebd., S. 12 ff.). Der Gestenplaner wandelt den Sketch daraufhin in ein Bewegungsprogramm um und wählt die entsprechenden Körperteile, sowie die Ausprägung der Geste wie Form und Größe aus. Zudem hat er Zugriff auf das Gestuary. Die endgültige Geste wird dann vom Motorprogramm ausgeführt (vgl. ebd., S. 14 ff.).

Literatur

de Ruiter, Jan Peter (1998). *Gesture and speech production.* Doctoral dissertation. Catholic University of Nijmegen, Netherlands

Levelt, Willem Johannes Maria (1989). *Speaking: From intention to articulation.* Cambridge, MA: MIT Press

Von Leila-Marie El-Haj.

6.2

Neurolinguistik: Aphasieforschung

Als *Aphasie* (vom griechischen *aphasía* für »Sprachlosigkeit«) bezeichnet man eine Art von zentralen Sprachstörungen, deren Ursachen Läsionen des Gehirns (oft Schlaganfälle, Störungen der Blutversorgung im Gehirn, Schädel-Hirn-Traumata oder ähnliche Vorfälle) sind. Hierbei können sehr verschiedene Bereiche der Sprache in jeweils unterschiedlich starkem Ausmaß betroffen sein. Neben der Produktion kann auch das Verständnis von Sprache beeinträchtigt sein. Zwei charakteristische Typen von Aphasien entstehen dadurch, dass zwei besondere Regionen des Gehirns, die zentrale Rollen in Sprachproduktion oder -verarbeitung spielen, in Mitleidenschaft gezogen werden. So resultiert eine Schädigung des sogenannten

Broca-Areals im Gehirn (benannt nach ihrem Mitentdecker Paul Broca) in vielen Fällen in einer *Broca-Aphasie*. Entsprechend kann eine Läsion des Wernicke-Areals (das zuerst von Carl Wernicke beschrieben wurde) zu einer *Wernicke-Aphasie* führen.

Eine *Broca-Aphasie* zeichnet sich durch einen stark beeinträchtigen Sprechfluss aus, wobei das Sprachverständnis ungestört ist. Es sind keine Funktionswörter und gebundenen grammatischen Morpheme vorhanden, sondern es erfolgt eine einfache Aneinanderreihung von Inhaltswörtern (vgl. Mayer und Dogil, 2014) – eine mehrerer möglicher Formen eines pathologischen Agrammatismus. Auch Artikulation und Prosodie sind betroffen (vgl. dbl: Aphasie).

Bei der *Wernicke-Aphasie* hingegen ist der Sprechfluss flüssig und Artikulation und Prosodie sind unauffällig. Stattdessen kommt es zu phonematischem Jargon, das heißt zur flüssigen Produktion phonematisch entstellter oder neologistischer Äußerungen, und paragrammatischer Syntax, also komplexem Satzbau, Satzverschränkungen und -verdopplungen und fehlerhaften Funktionswörtern und Flexionsformen.

Da die Gestik sehr eng mit der Sprache verzahnt ist, stellt sich die Frage, ob sich mit der gestörten Sprachproduktion beziehungsweise dem gestörten Sprachverstehen auch etwas am Gestenverhalten von Aphasikern ändert. Le May, David und Thomas (1988) untersuchten dazu das Gestenverhalten von je zwei Broca- und zwei Wernicke-Aphasikern sowie eine Kontrollgruppe mit vier gesunden Sprechern.

In der Studie gab es signifikante Unterschiede zwischen den untersuchten Gruppen bei Batons (akzentuierende, betonende Gesten; entsprechen *beats*), Ideographen (Gesten, die die Richtung eines Gedankens skizzieren, kann Wörter ersetzen), deiktischen Gesten (Zeigegesten auf ein vorhandenes Objekt) und Kinetographen (die Hand zeichnet eine physische Bewegung nach). Broca-Aphasiker benutzten generell die meisten Gesten, gefolgt von den Wernicke-Aphasikern und den gesunden Versuchspersonen, die am wenigsten gestikulierten. Wernicke-Aphasiker und gesunde Personen benutzten Batons und Ideographen in ähnlichem Ausmaß, während deiktische Gesten und Kinetographen deutlich häufiger von Wernicke-Aphasikern eingesetzt wurden. Broca-Aphasiker verwendeten alle vier Gestentypen signifikant häufiger als die Kontrollgruppe und Batons und Ideographen signifikant häufiger als Wernicke-Aphasiker (vgl. ebd., S. 142).

Dies zeigt auch, dass sich auch die benutzten Gestentypen zwischen beiden Arten der Aphasie unterscheiden. Bei Broca-Aphasikern dominieren Batons und Ideographen, was durch das Krankheitsbild erklärt werden kann. Durch die Batons wird die eingeschränkt übermittelte Bedeutung der Äußerungen noch einmal betont, und Ideographen ersetzen Wörter, auf die die Patienten im Moment der Äußerung nicht zugreifen können (vgl. ebd., S. 143). Auch der erhöhte Gebrauch von deiktischen Gesten und Kinetographen bei Wernicke-Apahsikern geht mit dem Krankheitsbild einher. Durch den komplexen Satzbau und die phonematische Apraxie ist eventuell schwer zu erkennen, was der Sprecher aussagen will und was die Kernpunkte seiner Äußerung sind. Dies wird durch das Zeigen auf Objekte und das nachzeichnen von Bewegungen wiederum verdeutlicht.

Zusammenfassend konnte festgestellt werden, dass sich eine Aphasie nicht nur auf das Sprachverhalten, sondern auch auf die Gestik einer Person auswirkt. Dies äußert sich vor allem dadurch, dass deine deutlich höhere Anzahl an Gesten produziert wird, um die Störung der Sprache durch das Ausweichen auf eine andere Modalität der Kommunikation auszugleichen.

Literatur

Deutscher Bundesverband für Logopädie e. V. (dbl). *Aphasie*. URL: http://www.dbl-ev.de/kommunikation-sprache-sprechen-stimme-schlucken/stoerungen-bei-erwachsenen/stoerungsbereiche/sprache/aphasie.html

Le May, Amanda, David, Rachel und Thomas, Andrew P (1988). »The use of spontaneous gesture by aphasic patients«. In: *Aphasiology* 2.2, S. 137–145

Mayer, Jörg und Dogil, Grzegorz (2014). *Sprache und Gehirn. Ein neurolinguistisches Tutorial*. URL: http://www2.ims.uni-stuttgart.de/sgtutorial/

Müller, Horst M. (2008). »Neurobiologische Grundlagen der Sprachfähigkeit«. In: *Psycholinguistik. Ein internationales Handbuch*. Hrsg. von Rickheit, Gert, Herrmann, Theo und Deutsch, Harry, S. 57–80

Von Lisa Mannagottera.

6.3
Künstliche Intelligenz und Künstliche Agenten

Die Erforschung und Entwicklung sogenannter künstlicher Intelligenz ist ein äußerst interdisziplinäres Feld, weshalb sie gut zum Thema der multimodalen Kommunikation passt. Erforscht man, warum und wie Menschen auf Roboter reagieren, so wird schnell deutlich, dass Kommunikation auf mehr als einer Ebene stattfindet. Innerhalb der Robotik gibt es ein Teilgebiet, das sich mit der Mensch-Maschine-Interaktion beschäftigt. Hat man das Ziel vor Augen, eine möglichst intuitive Kommunikation zwischen Mensch und Roboter zu ermöglichen, so gibt es viele Aspekte, die bedacht werden müssen: Nachdem in den letzten Jahren über Disziplinen wie die Computerlinguistik enorme Fortschritte beim Überwinden der offensichtlichen Sprachbarriere gemacht wurden, gilt es allmählich, sich noch komplexer scheinenden Fragen zu widmen.

Die Herausforderung liegt mittlerweile nicht mehr nur darin, dass der Roboter versteht, was der Mensch sagt und von ihm erwartet, es soll sogar so weit gehen, dass er die Blicke und Gesten des Menschen wahrnehmen und (richtig) deuten kann. Die Problematik dabei ist nicht allein die hochkomplexe Technik, die erforderlich ist, sondern auch die nicht weniger komplexe Frage nach sozialer Akzeptanz: Wie muss ein Roboter aussehen, dass ein Mensch ihn als Kommunikationspartner akzeptiert? Akzeptanz bedeutet in diesem Fall, dass der Mensch keine Aversion gegen sein Gegenüber haben sollte und sich auch keinesfalls bedroht fühlen sollte. So entstehen Studien, die sich innerhalb der Robotik um Kommunikation, die auf jeden Fall multimodal ist, drehen. In einer von diesen Studien haben Hegel u.a. (2010, S. 3386) die Gedanken beschrieben, die sie bei der Entwicklung ihres Roboterkopfes »Flobi« hatten. Neben der Technik wurden hier auch große Herausforderungen an das Design gestellt, die Hegel und Kollegen in zwei Forschungsfragen formulieren:

> 1) How to design a face that can convey understandable expressions and 2) how to make people *like* the face, or at least not react adversely to it. *Hegel u.a. (ebd.)*

Die Forschung ist schon so weit fortgeschritten, dass sie zumindest auf einen Teil dieser Fragen antworten kann. So stellen Hegel et al. fest, dass ein comicähnlicher Roboterkopf positiv aufgenommen wird (vgl. ebd.). Das liegt daran, dass die Optik nicht zu sehr einem Menschen ähnelt, als dass die (nicht menschliche) Verhaltensweise das Gegenüber schließlich enttäuschen würde. Dennoch ist genug Ähnlichkeit vorhanden, um daraus einen Vorteil zu ziehen. Darüber hinaus befürworten Hegel et al. die Verwendung des Kindchenschema, das heißt, der Gestaltung eines Roboterkopfes mit kindlichen Merkmalen wie großen runden Augen, da ein solches Aussehen bei Menschen zu Übergeneralisierung führt: Sie übertragen kindliche Eigenschaften wie Verletzlichkeit auf ihr Gegenüber:

> This is intended to make the robot-head appear non-threatening and increases the likelihood that people like it. *Hegel u.a. (ebd., S. 3387)*

Literatur

Ertel, Wolfgang (2013). *Grundkurs Künstliche Intelligenz. Eine praxisorientierte Einführung*. 3. Aufl. 2013. Wiesbaden: Springer Fachmedien Wiesbaden

Hegel, Frank u.a. (2010). »The Bielefeld Anthropomorphic Robot Head ›Flobi‹«. In: *2010 IEEE International Conference on Robotics and Automation*. Anchorage, Alaska, S. 3384–3391

Wachsmuth, Ipke (2013). *Menschen, Tiere und Max : natürliche Kommunikation und künstliche Intelligenz*. Berlin [u.a.]: Springer Spektrum

Von Jana Hack.

6.4
Social Semiotics

Neben den bisher genannten Definitionen und Beispielen zum Thema Multimodalität gibt es auch Ansätze, welche breiter gefächert sind. Kress und Leeuwen (2001) definieren Multimodalität als »[t]he use of several semiotic modes in the design of a semiotic product or event« (ebd., S. 20). Für sie und Carey Jewitt ist Multimodalität ein Zusammenspiel aller Disziplinen »[…]such as image, writing, gesture, gaze, speech, posture« (Jewitt, 2009, S. 1). Gerade Sprache, Schrift und Farbe können intensiv miteinander agieren, wie Kress und van Leeuwen in ihrer Veröffentlichung darstellen. Sie geben ein Beispiel einer Zeitschrift, in welcher das übergeordnete Thema *rêve d'été – dream of summer* lautet. Dementsprechend ist die Zeitung gefüllt mit sommerlichen Farben, Formen und Akzenten. Die Farben Blau und Weiß dominieren die Blätter. Somit wird hier Farbe als eine Modalität genutzt um die Stimmung näher an den Leser zu vermitteln. Es wird noch weiter gegangen, indem den verwendeten Formen und Materialien der Architektur und Umwelt auch der Status einer Modalität zugesprochen wird. Kress und van Leeuwen kümmern sich hier um die Kommunikation zwischen Autor und einem anonymen, nicht abschließend bestimmbaren Publikum. Der Unterschied zur face-to-face-Kommunikation ist hier erstens, dass ohne Gesten, Mimik und ähnliche Modalitäten ausgekommen werden muss. Stattdessen eröffnen sich den Autoren jedoch die visuellen Möglichkeiten des verwendeten Mediums.

Multimodalität wird gleichzeitig auch als etwas gesehen, das sozial tradiert wird und sich nur geringfügig in den individuellen kommunikativen

Situationen, dafür viel mehr in längerfristigen Prozessen manifestiert. Als Beispiel seien die in heutigen Babyprodukten omnipräsenten Zuschreibungen der Farben Rosa und Blau an einzelne Geschlechter genannt, für die inzwischen einerseits gezeigt wurde, dass diese Zuteilung in der Vergangenheit einmal umgekehrt war, und dass es andererseits Erkenntnisse aus der Biologie gibt, die vermuten lassen, dass es zumindest leichte Präferenzen einzelner Geschlechter für bestimmte Farben gibt, die nicht sozial tradiert, sondern vererbt werden (vgl. Frassanito und Pettorini, 2008).

Somit muss man auch den Wandel multimodaler Codes beobachten und Theorien und Definitionen anpassen, da auch hier stetig Veränderungen passieren, wie Kress, van Leeuwen und Jewitt schon beobachtet haben: »Sociological and anthropological theories and interests could be applied to examine how communities use multimodal conventions to mark and maintain identities« (Jewitt, 2009, S. 2).

Literatur
Frassanito, Paolo und Pettorini, Benedetta (2008). »Pink and blue: The color of gender«. In: *Child's Nervous System* 24.8, S. 881–882
Jewitt, Carey (2009). »An introduction to multimodality«. In: *The Routledge Handbook of Multimodal Analysis*. Hrsg. von Jewitt, Carey. New York: Routledge, S. 14–27
Kress, Gunther R. (2010). *Multimodality. A social semiotic approach to contemporary communication*. New York: Routledge
Kress, Gunther R. und Leeuwen, Theo van (2001). *Multimodal discourse. The modes and media of contemporary communication*. London: Hodder

Von Jennifer Schulte-Tickmann.

6.5

Körpersprache: geheim oder nicht?

Täglich benutzen wir Körpersprache. Sie ist unser elementarstes Kommunikationsmittel. Mimik, Gestik und Körperhaltung zu erkennen und richtig zu deuten ist besonders dann wichtig, wenn man versucht, jemanden versucht zu durchschauen oder einzuschätzen. Diese Fähigkeit erleichtert im Alltag jede Art von Kommunikation, ist aber auch besonders in Bewerbungssituationen von tragender Bedeutung. Wer die Signale des Körpers versteht, ist nicht nur in der Lage andere zu analysieren, sondern auch seine eigene Körperhaltung und –bewegung zu reflektieren.

Besonders populärwissenschaftliche Literatur beschäftigt sich mit solchen und ähnlichen Themen. Es finden sich jedoch vereinzelt auch Quellen, die nach einem höheren wissenschaftlichen Anspruch aussehen. Hier stellt sich also zunächst die Frage danach, wie wissenschaftlich die zu diesem Thema publizierte Literatur wirklich ist. Und wo hört die Populärwissenschaft auf und beginnt die ›richtige‹ Wissenschaft? Zumindest letztere Frage ist nicht ganz einfach zu beantworten, da die Übergänge nicht immer ganz klar sind – denn ›Populärwissenschaft‹ ist selbst ein nicht ganz klar umrissener Begriff. Populärwissenschaftliche Literatur betrachtet Themen meist weniger aus einer strikt wissenschaftlichen Perspektive, Adressat ist in den meisten Fällen der interessierte Laie. Dementsprechend ist der Aufbau und Stil einfacher gestaltet, Fachbegriffe werden möglichst vermieden und Quellenangaben ausgelassen. Die fehlenden Quellen sind in der Regel zu beanstanden, denn so ist es oft nicht möglich, nachzuvollziehen, auf welche Untersuchungen sich die jeweiligen Schlussfolgerungen stützen.

1983 publizierte Samy Molcho sein auch heute noch populäres Standardwerk *Körpersprache* (Molcho, 1983), in dem er die These vertritt, der Körper sei der »Handschuh der Seele«. Jede Information, die uns erreicht, werde sofort in den ganzen Körper weitergeleitet und verlange von jedem

Körperteil die Entscheidung, ob er im Weiteren gebraucht werde oder nicht. Wenn dann das Gehirn Kommandos gibt, sei der entsprechende Körperteil schon in Aktionsbereitschaft. Molcho geht davon aus, dass jeder Gedanke sich auf die Hormone, den Kreislauf, den Stoffwechsel und die Motorik auswirke, sodass auch unbewusste Gedanken Auswirkungen auf den gesamten Körper hätten. Als aufmerksamer Beobachter könne man also die Gedanken des Gegenübers erkennen, bevor sie ihm selber bewusst werden (ebd., S. 32 ff., 50 ff.).

2001 veröffentlichte er ein weiteres Werk, das sich speziell auf den beruflichen Kontext bezieht: *Körpersprache im Beruf* (Molcho, 2001). Molcho betont, dass die Fähigkeit der Kommunikation auf der körperlichen Ebene in großem Maße den Erfolg in der Geschäftswelt beeinflusst. Die Persönlichkeit eines Menschen drücke sich besonders deutlich in seinem Auftreten, seiner Mimik und Stimme sowie seinen Bewegungen aus. Keine Bewegung geschehe zufällig. Diese Domäne ist diejenige, in der Molchos Werk bis zum heutigen Tag noch die meiste Popularität besitzt.

Birdwhistell und andere Forscher warnen jedoch ausdrücklich davor, bestimmte Körperpositionen generell mit bestimmten Bedeutungen zu verknüpfen. Dies ist allerdings in einem Großteil der populärwissenschaftlichen Literatur der Fall – und hier wird zudem noch oft der Anschein erweckt, diese scheinbar sicheren ›Bedeutungen‹ der Körperbewegungen seien bislang geheim gewesen und würden erst jetzt (nämlich gerade durch die jeweils vorliegende Publikation) einem breiteren Publikum offenbart. Diese naiven Interpretationen werden der wissenschaftlicher Forschung nicht gerecht, Körperbewegungen müssen immer im Kontext betrachtet werden (vgl. Fast, 1971, S. 117).

Sabine Trautmann-Voigt und Bernd Voigt nähern sich der Frage nach der Bedeutung von Körperbewegungen auf wissenschaftliche Art und Weise aus der Perspektive der Psychotherapie. Sie betonen wie Fast, dass es immense kulturell determinierte, regionale und soziale Variationen der

Körpersprache gebe. Generell jedoch ließen sich die Augen als Träger der Ausstrahlung identifizieren. Sie gälten als »Tor« zur Außenwelt. Das Minenspiel des Mundes könne schmollen, appellieren und drohen. Besonders bei Frauen habe der Mund eine zusätzliche sexuelle Wirkung (Trautmann-Voigt und Voigt, 2012, S. 32). Der Hals sei eine äußerst sensible Stelle, die, wenn sie gezeigt wird, Unterwerfung, aber auch Höflichkeit symbolisieren kann. Weitere, analoge Zuschreibungen erfolgen für die männlichen Schultern und Hände.

Abschließend lässt sich sagen, dass es eine große Bandbreite von Werken gibt, die sich mehr oder weniger der Populärwissenschaft zuordnen lassen. Je weniger Quellen oder Datengrundlagen diese Werke aufführen, je mehr sie ihre Informationen als spektakuläre Enthüllungen darstellen und je mehr sie unreflektiert universale Zusammenhänge zwischen körperlichem Verhalten und entsprechenden ›Bedeutungen‹ postulieren, umso mehr sollte man bei der weiteren Lektüre jedoch Skepsis walten lassen und das Rezipierte kritisch hinterfragen.

Literatur
Fast, Julius (1971). *Body language.* London: Pan Books
Molcho, Samy (1983). *Körpersprache.* München: Mosaik
Molcho, Samy (2001). *Körpersprache im Beruf.* München: Goldmann
Trautmann-Voigt, Sabine und Voigt, Bernd (2012). *Grammatik der Körpersprache. Ein integratives Lehr- und Arbeitsbuch zum Embodiment.* 2., überarbeitete und erweiterte Auflage. Stuttgart: Schattauer

Von Elisabeth Schmidt.

6.6

Power Posing

Seit Beginn der 1980er Jahre gibt es auf dem Gebiet der Psychologie Forschung dazu, ob die Körperhaltung unsere eigene Wahrnehmung beeinflusst. Es hat sich gezeigt, dass wir andere Personen häufig anhand von deren Körperposition einschätzen. Riskind und Gotay (1982) fanden in mehreren Studien heraus, dass Menschen ihre eigene Körperposition mit dem erlebten Stresslevel in Verbindung bringen. Wer also z. B. kauerte, fühlte sich selbst häufiger unter Druck als Menschen, die sich entspannt hinsetzten. Je nach ihrer Position zeigten die Versuchspersonen auch mehr oder weniger Hilflosigkeit bei Aufgaben, die sie zu lösen hatten.

In diesen Studien wurde zwischen zwei Arten von Körperpositionen unterschieden: zum einen die entspannten, raumgreifenden, aufrechten (*high power poses*) und zum anderen die angespannten, gekreuzten, verkleinernden Positionen (*low power poses*). Selbst im Tierreich lassen sich Unterschiede in Dominanz und Macht anhand der Körperhaltung feststellen.

Die amerikanische Sozialpsychologin Amy Cuddy beschäftigt sich mit der Bewertung anderer Menschen in kleinen Gruppen. In einer Untersuchung mit Kollegen (Carney, Cuddy und Yap, 2010) wurden Menschen anhand von fünfminütigen Einstellungsinterviews bewertet. Sie hatten vorher zwei Minuten lang eine der beiden Körperpositionen eingenommen und erhielten kein mimisches Feedback von ihren Interviewern. Unparteiische Dritte sollten dann anhand der Videoaufnahmen entscheiden, welche Personen sie einstellen würden. Es stellte sich heraus, dass alle Personen, die vorher *high power poses* eingenommen hatten, ungeachtet ihrer Qualifikationen eher eingestellt wurden. Außerdem berichten die Autoren von einem Zusammenhang zwischen der Körperposition und der Ausschüttung der Hormone Testosteron (hängt zusammen mit Dominanz) und Cortisol (impliziert Stress) (vgl. ebd.). Unter anderem über diese Studie spricht Cuddy in einem TED-Talk[20], der zur Popularität des Themas *Power Posing* beigetragen hat.

Es gibt allerdings schon Replikationen dieser Studie (beispielsweise Ranehill u.a., 2015), bei denen weder ein Effekt auf die Hormone noch

---

[20] https://www.ted.com/talks/amy_cuddy_your_body_language_shapes_who_you_are

auf Risikofreude oder Konkurrenzdenken festgestellt wurde. Alle Studien zeigen jedoch, dass die Körperposition zumindest das eigene Erleben beeinflussen kann.

Literatur

Carney, Dana R, Cuddy, Amy JC und Yap, Andy J (2010). »Power posing. Brief nonverbal displays affect neuroendocrine levels and risk tolerance«. In: *Psychological Science* 21.10, S. 1363–1368

Ranehill, Eva u.a. (2015). »Assessing the Robustness of Power Posing No Effect on Hormones and Risk Tolerance in a Large Sample of Men and Women«. In: *Psychological science* 26.5, S. 653–656

Riskind, John H. und Gotay, Carolyn C. (1982). »Physical posture: Could it have regulatory or feedback effects on motivation and emotion?« In: *Motivation and Emotion* 6.3, S. 273–298

Von Miriam Leihs.

ANHANG A

Informationen zur Arbeit mit Texten

Eine Anmerkung gleich zu Beginn: Dieser kurze Anhang kann keine ausführliche Einführung in den großen und sehr vielgestaltigen Themenbereich der Textarbeit sein. Es werden an dieser Stelle nur diejenigen Werke erwähnt, die direkt in unserem Seminar Verwendung fanden, oder die den Hintergrund für eigene Entwickllungen boten. Außerdem beschreiben wir hier kurz einige schreibbezogene Angebote für Studierende und andere Zielgruppen, die sich an der Universität Bielefeld finden.

Textrezeption

> Lange, Ulrike (2013). *Fachtexte lesen – wiedergeben – verstehen*. Paderborn: Schöningh

Ulrike Lange bietet in diesem Werk einen umfassenden Überblick über verschiedene Techniken und Aktivitäten, die teilweise beim besseren Erfassen einzelner Werke, teilweise bei der Bewältigung größerer Literaturbestände unterstützen können. So finden sich hier neben Ratschlägen und Informationen zur Systematisierung des Arbeitsprozesses, zu Lesenotizen und zur Sammlung von Exzerpten und Zitaten auch verschiedene Techniken, mit denen sich Informationen aus einzelnen Texten entnehmen lassen. Einige dieser Techniken (wie z. B. *Überfliegen*, *Scannen* oder *Analysierendes Lesen*) haben wir erfolgreich im Seminar eingesetzt.

> Eco, Umberto (2010). *Wie man eine wissenschaftliche Abschlußarbeit schreibt. Doktor-, Diplom- und Magisterarbeit in den Geistes- und Sozialwissenschaften.* Wien: facultas.wuv

Umberto Ecos bekanntes Werk ist in erster Linie auf die Bedürfnisse italienischer Studierender des 20. Jahrhunderts zugeschnitten, und es ist – das muss man eingestehen – in Anbetracht unserer aktuellen technischen und digitalen Möglichkeiten technisch vollkommen überholt. Dennoch bietet dieses Buch (neben einem fast schon archäologisch anmutenden Einblick in den wissenschaftlichen Alltag vor der flächendeckenden Verbreitung des Computers) viele wertvolle Hinweise zu Recherchestrategien und zur systematischen Erfassung von Literatur, die, wenn man sie an die aktuellen Bedingungen anpasst, auch heute noch sehr wertvoll sind.

TEXTPRODUKTION

> Scheuermann, Ulrike (2013). *Schreibdenken. Schreiben als Denk- und Lernwerkzeug nutzen und vermitteln.* Opladen / Toronto: Barbara Budrich

Ulrike Scheuermann präsentiert in diesem übersichtlichen Band die Methode des *Schreibdenkens* in verschiedenen Varianten. Mit dieser Tätigkeit (die sich an bekannte Verfahren wie beispielsweise *freewriting* anlehnt) können

Schreiben und Denken enger miteinander verknüpft werden. Mögliche Resultate sind neue Ideen, Klärung von sinnvollen Text- oder Gedankenstrukturen oder das Auflösen von verschiedenen Arten von Blockaden. In unserem Seminar haben wir verschiedene sogenannte *sprints* verwendet, beispielsweise den *Gedankensprint* (bei dem für einige Minuten ein ununterbrochener und ungefilterter Schreibprozess ohne konkret vorgegebenes Thema erfolgt) und den *Fokussprint* (der dem Gedankensprint ähnelt, wobei hier jedoch ein konkretes Thema oder ein Fokus vorgegeben ist) eingesetzt (vgl. ebd., S. 77 ff.). Mehrere Studierende berichteten, dass ihnen diese Aktivität unbekannt war, und dass sie ihnen so vielversprechend erschien, dass sie sie in der Zukunft weiter einsetzen wollten.

> Macgilchrist, Felicitas (2014). *Academic Writing*. Paderborn: Schöningh
> Skern, Tim (2009). *Writing Scientific English. A workbook*. Wien: facultas.wuv

Zwei weitere Werke seien hier noch erwähnt, die jedoch beide englischsprachige Textprodukte als Thema haben und die daher nur bedingt direkten Eingang in unser Seminar gefunden haben. Beide Werke geben wertvolle Hinweise zum Verfassen von Werken in wissenschaftlichem Englisch (von der Ebene der Wortwahl bis hin zu sinnvollen Textstrukturen), wobei sie unterschiedlich genug aufgestellt sind, um sich sinnvoll zu ergänzen (so dass sich die Lektüre des einen Werks sich definitiv auch nach Kenntnis des jeweils anderen noch lohnt).

Unterstützung an der Universität Bielefeld

Schlussendlich weisen wir noch auf einige Angebote an der Universität hin, an der das diesem Buch zugrundeliegende Seminar stattgefunden hat. Seit es sich gezeigt hat, dass eine Unterstützung im Bereich lernrelevanter Schlüsselkompetenzen Studierenden in vielerlei Hinsicht zugutekommen kann, finden sich entsprechende Einrichtungen glücklicherweise auch an immer mehr deutschsprachigen Universitäten – und wenn an Ihrer Hochschule äquivalente Angebote noch fehlen, dann kann unser Buch vielleicht eines von vielen Argumenten sein, mit denen man die verantwortlichen Entitäten zur Einrichtung solcher Angebote bewegen könnte.

skript.um ist ein Angebot, in dessen Rahmen entsprechend ausgebildete studentische Tutorinnen und Tutoren Beratungsmöglichkeiten und verschiedene Projekte (beispielsweise die auch an anderen Universitäten in ähnlicher Form stattfindende »Lange Nacht der aufgeschobenen Hausarbeiten«) zum Themenfeld von Schreiben, Selbstmanagement und Textarbeit anbieten.

⇝ http://www.uni-bielefeld.de/Universitaet/Einrichtungen/SLK/schreiblabor/skriptum/index.html

Das Schreiblabor. Dem vorigen Projekt übergeordnet, umfasst das Angebot des Schreiblabors ein weiteres Feld, wie etwa mit Ressourcen, Workshops und Schulungen für weitere Zielgruppen oder Aspekte (z. B. besondere Angebote für Promovendinnen und Promovenden, gezielte Fortbildungen für Schreibtätigkeiten in der Forschung oder in der Lehre, etc.).

⇝ http://www.uni-bielefeld.de/Universitaet/Einrichtungen/SLK/schreiblabor/

Sachregister

A

Agrammatismus · 86
Analysierendes Lesen · 98
Annotation · 73
Aphasie · 85–88
    Broca-Aphasie · 86
    Wernicke-Aphasie · 86
Appell · 33
Artikulation · 86
Audioaufnahme · 70
Aufmerksamkeit · 32
Ausdruck · 33
Äußerung · 58, 71, 84, 87
authorized racism · 47

B

Baton · *siehe* Geste, *beat*
beat · *siehe* Geste, *beat*
Betonung · 64
Blick · 30–33
Broca-Aphasie · 86
Broca-Areal · 86

C

chemische Übertragung · 18
Code · 33
common ground · 77

D

Darstellung · 33
deiktisch · 63, 86
Deixis · 63
diskursiv · 65
display rule · 29
Divergenz · 31
Drittes Reich · 46

E

elektromagnetische Übertragung · 18
Emblem · 62, 83
Emotion · 28
Enkodierung · 84
EXMARaLDA · 73
Eye-Tracking · 31

F

facial feedback · 28

Film · *siehe* Videoaufnahme
Fixation · 31
Fokussprint · 99
frame · 72
freewriting · 98
Funktion · 65
funktionale Gestenklassifikation · 65

G

G-Phrase · 59
Gebärde · 43
Gebärdensprache · 34, 62
Gedankensprint · 99
Geste · 58f., 63, 83, 86
    Baton · *siehe* Geste, beat
    beat · 64, 86
    deiktisch · 63, 86
    ikonisch · 63
    kinetographisch · 86
    metaphorisch · 63
    Taktstockgeste · *siehe* Geste, beat
    Zeigegeste · *siehe* Geste, deiktisch
Gestenraum · 34
gesticular unit · 59
Gestik · 70f.
gesture stroke · *siehe* stroke
gesture unit · 73
Gleichgewichtssinn · 18
Grammatik · 86
Grundemotion · 28

H

Handeln · 15f.
hinweisend · 44
hold · 73
hören · 18, 20

I

ikonisch · 63
interactional synchrony · 58
Interaktion · 15f.

J

joint attention · 32

K

Körpersprache · 56
Kendon's continuum · 60
Kinegraph · 70
Kinem · 55, 70
Kinemorph · 55, 70
Kinemorphem · 55, 70
Kinesik · 55
kinetographisch · 86
Kommunikation · 15f., 31
Konvergenz · 31
Kultur · 29
Kulturelativismus · 56

L

Lächeln · 29
Lautsprache · 34
locution · 58
locution cluster · 59
locution group · 58

Sachregister

M

mechanische Übertragung · 18
metaphorisch · 63
Mimik · 28 ff.
mitbezeichnend · 44
Mitteilungsfunktion · 65
modal · 19
Modalität · 19, 84
    Sinnesmodalität · 20
Modalverb · 19
Modell · 33, 84

N

nachbildend · 44
Nationalsozialismus · 46
nature-nurture-Debatte · 52
Notation · 70

O

Organonmodell · 33

P

Pantomime · 62, 83
performativ · 65
Phonem · 70
phrase · 73
phrase of gesticulation · 59
pitch · 59
Pose · 95
Postur · 95
Power Posing · 94 ff.
preparation · 73

preparatory phase · 59
Pronomen · 35
Prosodie · 25 ff., 86

R

Rasse · 46–52
Rassismus · 46–52
recovery · 59
referentiell · 65
Rezeptor
    Chemorezeptor · 18
    Elektrorezeptor · 18
    Magnetorezeptor · 18
    Mechanorezeptor · 18
Rhythmus · 64
riechen · 18, 20

S

Sakkade · 31
Scannen (Lesetechnik) · 98
schmecken · 18
Schreibdenken · 98
sehen · 18, 20
self-synchrony · 58
Sinn · 18 ff.
Sinnesmodalität · 20
Sketch-Modell · 84
soziales Lächeln · 29
Sprachproduktion · 84
stroke · 73
stroke · 59
symbolisch · 15 f., 45
synchron · 58

Syntax · 86

T

Taktstockgeste · *siehe* Geste, *beat*
tasten · 18
Tempus · 36
tonale Einheit · *siehe* tone unit
tone unit · 58

U

Überfliegen (Lesetechnik) · 98
universal · 28
Universalienforschung · 28

V

Verhalten · 15 f.
Verständigungssicherung · 33
Verweildauer · 31
Videoaufnahme · 56, 70

W

Wernicke-Aphasie · 86
Wernicke-Areal · 86

Z

Zeichen · 33
Zeigegeste · *siehe* Geste, deiktisch

Personenregister

A

Aristoteles · 18

B

Bühler, Karl · 33
Bateson, Gregory · 56
Bavelas, Jean · 16
Beavin, Jean · *siehe* Bavelas, Jean
Berger, Walter · 49
Birdwhistell, Ray L. · 54ff., 69ff., 93
Bohle, Wilhelm · 49
Broca, Paul · 86
Bulwer, John · 42

C

Clauss, Ludwig Ferdinand · 49
Cludius, Hermann Heimart · 42
Condon, William S. · 57, 70f.

D

de Ruiter, Jan Peter · 84

E

Eco, Umberto · 98
Efron, David · 38, 46, 52
Ekman, Paul · 28, 38

F

Fast, Julius · 93

G

Günther, Hans · 49

J

Jackson, Don D. · 16

K

Küster, Dennis · 28
Kappas, Arvid · 28
Kendon, Adam · 58, 70
Knigge, Adolph Freiherr von · 42
Krumhuber, Eva · 28

L

Lange, Ulrike · 97

Lenz, Fritz · 49
Levelt, Willem J. M. · 84
Linke, Angelika · 15
Lowenstein, Otto · 18

M

Müller, Cornelia · 64
Macgilchrist, Felicitas · 99
McNeill, David · 38, 60
Mead, Margaret · 56
Molcho, Samy · 92f.

N

Nussbaumer, Markus · 15

O

Ogston, William D. · 57, 70f.

P

Pfeiffer, Thies · 30
Portmann, Paul R. · 15

Q

Quintilian · *siehe* Quintilianus, Marcus
 Fabius
Quintilianus, Marcus Fabius · 41

S

Scheuermann, Ulrike · 98
Schmidt, Robert F. · 18
Skern, Tim · 99

T

Trautmann-Voigt, Sabine · 93

V

Voigt, Bernd · 93

W

Wachsmuth, Ipke · 30
Watzlawick, Paul · 16
Wernicke, Carl · 86
Wundt, Wilhelm · 38, 43

Literaturverzeichnis

In diesem Verzeichnis sind die im Buch zitierten Werke wie folgt aufgelistet: Zu Beginn finden Sie zunächst drei thematische Abschnitte, die Literatur nennen, die sich zum weiteren, vertiefenden Lesen eignet: Ein Abschnitt zu Gestik, ein Abschnitt zu Werken, die den Fokus auf einzelne andere Modalitäten legen, und ein Abschnitt mit Werken, die sich allgemeineren und/oder theoretischen Überlegungen widmen. Danach finden Sie einige ausgewählte Angaben zum Themenbereich der Textproduktion und Textrezeption, und zuletzt die restlichen Angaben zu weniger zentralen Werken, aus denen wir in diesem Buch zitiert haben.

Werke zu Gestik

de Ruiter, Jan Peter (1998). *Gesture and speech production*. Doctoral dissertation. Catholic University of Nijmegen, Netherlands.

Efron, David (1972). *Gesture, race and culture*. The Hague: Mouton. Reprint of: Efron, D. (1941): Gesture und Environment. New York: King's Crown Press.

Gibbon, Dafydd (2011). »Modelling gesture as speech. A linguistic approach«. In: *Poznań Studies in Contemporary Linguistics PSiCL* 47, S. 470–508.

Kendon, Adam (1980). »Gesticulation and Speech. Two Aspects of the Process of Utterance«. In: *The Relationship of Verbal and Nonverbal Communication*. Hrsg. von Ritchie Key, Mary. Berlin/Boston: De Gruyter Mouton, S. 207–228.

— (1988). »How gestures can become like words«. In: *Cross-Cultural Perspectives in Nonverbal Communication*. Toronto: Hogrefe, S. 131–141.

McNeill, David (1992). *Hand and mind*. Chicago: University of Chicago Press.

Müller, Cornelia (1998). *Redebegleitende Gesten. Kulturgeschichte, Theorie, Sprachvergleich*. Berlin: Spitz.

Wundt, Wilhelm (1904). *Völkerpsychologie. Eine Untersuchung der Entwicklungsgesetze von Sprache, Mythus und Sitte*. Bd. 1. Leipzig: Engelmann.

— (1975 [1911]). *Völkerpsychologie. Eine Untersuchung der Entwicklungsgesetze von Sprache, Mythus und Sitte*. Bd. 1. Nachdruck der dritten Auflage, Leipzig 1911. Aalen: Scientia.

Werke zu Einzelmodalitäten (Blick, Mimik, Gebärden)

Boyes Braem, Penny (1995). *Einführung in die Gebärdensprache und ihre Erforschung*. Hamburg: Signum.

Ekman, Paul und Harriet Oster (1979). »Facial expressions of emotion«. In: *Annual Review of Psychology* 30, S. 527–554.

Hegel, Frank, Simon Schulz, Matthias Hackel, Britta Wrede, Sven Wachsmuth und Gerhard Sagerer (2010). »The Bielefeld Anthropomorphic Robot Head ›Flobi‹«. In: *2010 IEEE International Conference on Robotics and Automation*. Anchorage, Alaska, S. 3384–3391.

Kappas, Arvid, Eva Krumhuber und Dennis Küster (2013). »Facial behavior«. In: *Nonverbal Communication*. Hrsg. von Hall, Judith A. und Knapp, Mark L. Berlin/Boston: de Gruyter. Kap. 6.

Kendon, Adam (1967). »Some functions of gaze-direction in social interaction«. In: *Acta Psychologica* 26, S. 22–63.

Pfeiffer, Thies und Ipke Wachsmuth (2013). »Multimodale blickbasierte Interaktion«. In: *at - Automatisierungstechnik* 61.11, S. 770–776.

Shepherd, Stephen V (2010). »Following gaze: gaze-following behavior as a window into social cognition.« In: *Frontiers in integrative neuroscience* 4, S. 1–13.

Theoretische und übergreifende Werke

Birdwhistell, Ray L. (1952). *Introduction to kinesics. An annotation system for analysis of body motion and gesture.* Louisville: University of Louisville.

— (1970). *Kinesics and context: Essays on body motion communication.* University of Pennsylvania Press.

Bühler, Karl (1999). *Sprachtheorie. Die Darstellungsfunktion der Sprache.* Stuttgart: Fischer.

Condon, William S. und William D. Ogston (1966). »Sound film analysis of normal and pathological behavior patterns.« In: *The Journal of nervous and mental disease* 143.4, S. 338–47.

— (1967). »A segmentation of behavior«. In: *Journal of Psychiatric Research* 5.3, S. 221–235.

de Ruiter, Jan Peter (2004). »On the primacy of language in multimodal communication«. In: *Proceedings of workshop on multimodal corpora, LREC 2004.*

— (2007). »Some Multimodal Signals in Humans«. In: *Proceedings of the Workshop on Multimodal Output Generation MOG 2007.* Hrsg. von Van Der Sluis, I., Theune, M., Reiter, E. und Krahmer, E.

Harold, Ellen und Susan Tobin. *Ray Birdwhistell.* URL: http://www.culturalequity.org/alanlomax/ce_alanlomax_profile_birdwhistell.php.

Jewitt, Carey (2009). »An introduction to multimodality«. In: *The Routledge Handbook of Multimodal Analysis.* Hrsg. von Jewitt, Carey. New York: Routledge, S. 14–27.

Krampen, Martin (1997). »Models of Semiosis«. In: *Semiotik. Ein Handbuch zu den zeichentheoretischen Grundlagen von Natur und Kultur.* Hrsg. von Posner, Roland. Bd. 1. Berlin: de Gruyter. Kap. 5, S. 247–287.

Kress, Gunther R. (2010). *Multimodality. A social semiotic approach to contemporary communication.* New York: Routledge.

Kress, Gunther R. und Theo van Leeuwen (2001). *Multimodal discourse. The modes and media of contemporary communication.* London: Hodder.

Levelt, Willem Johannes Maria (1989). *Speaking: From intention to articulation.* Cambridge, MA: MIT Press.

Linke, Angelika, Markus Nussbaumer und Paul R. Portmann (2004). *Studienbuch Linguistik.* Tübingen: Max Niemeyer.

Lowenstein, Otto (1966). *The senses.* Harmondsworth: Penguin Books.

Mayer, Jörg und Grzegorz Dogil (2014). *Sprache und Gehirn. Ein neurolinguistisches Tutorial.* URL: http://www2.ims.uni-stuttgart.de/sgtutorial/.

McGurk, Harry und John Macdonald (1976). »Hearing lips and seeing voices«. In: *Nature* 264.5588, S. 746–748.

Menke, Peter (im Druck). *The FiESTA data model. A novel approach to the representation of heterogeneous multimodal interaction data.* Norderstedt: BoD.

Oviatt, Sharon (1999). »Ten myths of multimodal interaction«. In: *Communications of the ACM* 42.11, S. 74–81.

Schmidt, Robert F. (2007). *Physiologie des Menschen.* Hrsg. von Lang, Florian und Thews, Gerhard. 30. Aufl. Springer-Lehrbuch 30. Heidelberg: Springer Medizin Verlag, S. 994.

Schönfelder, Vinzenz (2013). *Wie viele Sinne hat der Mensch?* URL: http://www.spektrum.de/quiz/wie-viele-sinne-hat-der-mensch/867032.

Wachsmuth, Ipke (2013). *Menschen, Tiere und Max : natürliche Kommunikation und künstliche Intelligenz.* Berlin [u.a.]: Springer Spektrum.

Werke zur Schreib- und Textarbeit

Eco, Umberto (2010). *Wie man eine wissenschaftliche Abschlußarbeit schreibt. Doktor-, Diplom- und Magisterarbeit in den Geistes- und Sozialwissenschaften.* Wien: facultas.wuv.

Lange, Ulrike (2013). *Fachtexte lesen – wiedergeben – verstehen.* Paderborn: Schöningh.

Macgilchrist, Felicitas (2014). *Academic Writing*. Paderborn: Schöningh.

Scheuermann, Ulrike (2013). *Schreibdenken. Schreiben als Denk- und Lernwerkzeug nutzen und vermitteln*. Opladen / Toronto: Barbara Budrich.

Skern, Tim (2009). *Writing Scientific English. A workbook*. Wien: facultas.wuv.

Übrige zitierte Werke

Aristoteles. *De anima*.

Bleich, Erik (2001). »The French model: Color-blind integration«. In: *Color lines: Affirmative action, immigration, and civil rights options for America*, S. 270–296.

Bonacchi, Silvia und Maciej Karpiński (2014). »Remarks about the use of the term ›multimodality‹. A Word from the Editors of the Journal«. In: *Journal of Multimodal Communication Studies* 1, S. 1–7.

Bulwer, John (1644). *Chirologia. Or The naturall language of the hand. Composed of the speaking motions, and discoursing gestures thereof. Whereunto is added Chironomia*. London: Harper.

Carney, Dana R, Amy JC Cuddy und Andy J Yap (2010). »Power posing. Brief nonverbal displays affect neuroendocrine levels and risk tolerance«. In: *Psychological Science* 21.10, S. 1363–1368.

Chen, Tsuhan und R. R. Rao (1998). »Audio-visual integration in multimodal communication«. In: *Proceedings of the IEEE* 86.5, S. 837–852.

Clauss, L. F. (1933). *Rasse und Seele. Eine Einführung in den Sinn der leiblichen Gestalt*. München: Lehmanns Verlag. Nicht eingesehen.

Cludius, Hermann Heimart (1792). *Grundris der körperlichen Beredsamkeit. Für Liebhaber der schönen Künste, Redner und Schauspieler; ein Versuch*. Hamburg: Bohn.

Deutscher Bundesverband für Logopädie e. V. (dbl). *Aphasie*. URL: http://www.dbl-ev.de/kommunikation-sprache-sprechen-stimme-schlucken/stoerungen-bei-erwachsenen/stoerungsbereiche/sprache/aphasie.html.

Dierker, Angelika, Till Bovermann, Marc Hanheide, Thomas Hermann und Gerhard Sagerer (2009). »A Multimodal Augmented Reality System for Alignment Research«. eng. In: *Proceedings of the 13th International Conference on Human-Computer Interaction*. San Diego, USA: Springer, S. 422–426.

Ertel, Wolfgang (2013). *Grundkurs Künstliche Intelligenz. Eine praxisorientierte Einführung*. 3. Aufl. 2013. Wiesbaden: Springer Fachmedien Wiesbaden.

Fairchild, Halford H. (1991). »Scientific racism: The cloak of objectivity«. In: *Journal of Social Issues* 47.3, S. 101–115.

Fast, Julius (1971). *Body language*. London: Pan Books.

Foxton, Jessica M, Louis-David Riviere und Pascal Barone (2010). »Cross-modal facilitation in speech prosody.« In: *Cognition* 115.1, S. 71–8.

Frassanito, Paolo und Benedetta Pettorini (2008). »Pink and blue: The color of gender«. In: *Child's Nervous System* 24.8, S. 881–882.

Gehring, Albert (1908). *Racial Contrasts*. New York/London: Putnam's Sons.

Günther, Hans (1930). *Rassenkunde des jüdischen Volkes*. München: Lehmanns Verlag.

Knigge, Adolph (1987). *Über den Umgang mit Menschen*. Hrsg. von Ueding, Gert. 1. Aufl. Insel-Bibliothek. Frankfurt am Main: Insel-Verlag.

Lakatos, Gabriella, Krisztina Soproni, Antal Dóka und Ádám Miklósi (2009). »A comparative approach to dogs' (Canis familiaris) and human infants' comprehension of various forms of pointing gestures.« In: *Animal cognition* 12.4, S. 621–31.

Le May, Amanda, Rachel David und Andrew P Thomas (1988). »The use of spontaneous gesture by aphasic patients«. In: *Aphasiology* 2.2, S. 137–145.

Molcho, Samy (1983). *Körpersprache*. München: Mosaik.

— (2001). *Körpersprache im Beruf*. München: Goldmann.

Müller, Horst M. (2008). »Neurobiologische Grundlagen der Sprachfähigkeit«. In: *Psycholinguistik. Ein internationales Handbuch*. Hrsg. von Rickheit, Gert, Herrmann, Theo und Deutsch, Harry, S. 57–80.

Munhall, Kevin G., J. A. Jones, D. E. Callan, T. Kuratate und E. Vatikiotis-Bateson (2004). »Visual Prosody and Speech Intelligibility: Head Movement Improves Auditory Speech Perception«. In: *Psychological Science* 15.2, S. 133–137.

Peres, Daniel Oliveira, Beatriz Raposo De Medeiros, Ferreira Netto, Maria De Fátima und De Almeida Baia (2011). »The Role of Visual Stimuli in the Perception of Prosody in Brazilian Portuguese«. In: *Selected Proceedings of the 5th Conference on Laboratory Approaches to Romance Phonology*, S. 136–141.

Plous, Scott und Tyrone Williams (1995). »Racial Stereotypes From the Days of American Slavery: A Continuing Legacy«. In: *Journal of Applied Social Psychology* 25.9, S. 795–817.

Quattoni, A., L.-P. Morency, D. Demirdjian und T. Darrell (2006). »Hidden Conditional Random Fields for Gesture Recognition«. English. In: *2006 IEEE Computer Society Conference on Computer Vision and Pattern Recognition - Volume 2 (CVPR'06)*. Bd. 2. IEEE, S. 1521–1527.

Quintilianus, Marcus Fabius (1988). *Ausbildung des Redners. Zwölf Bücher (=Institutio Oratoriae)*. Hrsg. von Rahn, Helmut. Darmstadt: Wissenschaftliche Buchgesellschaft.

Ranehill, Eva, Anna Dreber, Magnus Johannesson, Susanne Leiberg, Sunhae Sul und Roberto A. Weber (2015). »Assessing the Robustness of Power Posing No Effect on Hormones and Risk Tolerance in a Large Sample of Men and Women«. In: *Psychological science* 26.5, S. 653–656.

Riskind, John H. und Carolyn C. Gotay (1982). »Physical posture: Could it have regulatory or feedback effects on motivation and emotion?« In: *Motivation and Emotion* 6.3, S. 273–298.

Schöning, Johannes, Florian Daiber, Antonio Krüger und Michael Rohs (2009). »Using hands and feet to navigate and manipulate spatial data«. In: *Proceedings of the 27th international conference extended abstracts on Human factors in computing systems - CHI EA '09*. New York: ACM Press, S. 4663–4668.

Sowa, Timo (2006). *Understanding Coverbal Iconic Gestures in Shape Descriptions*. Berlin: Akademische Verlagsgesellschaft.

Tiedemann, Friedrich (1836). »On the Brain of the Negro, Compared with That of the European and the Orang-Outang«. In: *Philosophical Transactions of the Royal Society of London* 126, S. 497–527.

Trautmann-Voigt, Sabine und Bernd Voigt (2012). *Grammatik der Körpersprache. Ein integratives Lehr- und Arbeitsbuch zum Embodiment*. 2., überarbeitete und erweiterte Auflage. Stuttgart: Schattauer.

UNESCO (1950). *The race question.*

Watzlawick, Paul, Janet Beavin Bavelas und Don D. Jackson (2007). *Menschliche Kommunikation. Formen, Störungen, Paradoxien*. 11., unveränderte Auflage. Bern: Huber.

Weidenmann, Bernd (1997). »Multicodierung und Multimodalität im Lernprozess«. In: *Information und Lernen mit Multimedia*. Hrsg. von Issing, Ludwig J. und Klimsa, Paul. Weinheim: Beltz, S. 65–84.

Wittenburg, Peter (2008). »Preprocessing multimodal corpora«. In: *Corpus Linguistics. An International Handbook*. Hrsg. von Lüdeling, Anke und Kytö, Merja. Bd. 1. Berlin: Mouton de Gruyter. Kap. 31, S. 664–685.